Le néomonétarisme, stade suprême du capitalisme

Impasses et désordres

Questions Contemporaines
Collection dirigée par
B. Péquignot et D. Rolland

Chômage, exclusion, globalisation… Jamais les « questions contemporaines » n'ont été aussi nombreuses et aussi complexes à appréhender. Le pari de la collection « Questions Contemporaines » est d'offrir un espace de réflexion et de débat à tous ceux, chercheurs, militants ou praticiens, qui osent penser autrement, exprimer des idées neuves et ouvrir de nouvelles pistes à la réflexion collective.

Derniers ouvrages parus

Catarina CAMARINHAS, *L'Urbanisme de Lisbonne*, 2011.
Marc DELEPOUVE, *Une société intoxiquée par les chiffres*, 2011.
André ROPERT, *La gauche en France. Historique d'un enlisement*, 2011.
Kilien STENGEL, *Un ministère de la Gastronomie ? Et pourquoi pas !*, 2011.
Gilbert DELAGRANGE, *Le citoyen et le système politique*, 2011.
Bruno FABRE, *L'Université a-t-elle perdu son âme ? Plaidoyer pour une autre réforme*, 2011.
Louise FINES, *Les crimes en col blanc*, 2011.
Céline HULLO-POUYAT, La restauration monumentale en question, 2011.
Jean RIVIERE, *Mondes en mutation dans un système en crise*, 2011.
Jean-Pierre SALVETAT et Catherine IZZO, *Plaidoyer pour la Turquie. De François 1er à Nicolas Sarkozy, six siècles de relations franco-turques*, 2011.
Florence SAMSON, *Une femme présidente pour la France*, 2011.
Philippe QUÊME, *Monnaie bien public ou « banque-casino »?*, 2011.
Elsa FOREY, Christophe GESLOT, *Internet, machines à voter et démocratie*, 2011.
Alain ZOLTY, *L'espoir citoyen*, 2011.
Hervé CAUDRON, *Quand les sagesses nous endorment*, 2011.
Daniel LAGOT, *Le droit international et la guerre, Nouvelle édition*, 2011.
Frank MISTIAEN, *La richesse n'est pas produite ou Essai sur la nature et l'origine de la valeur marchande et la richesse matérielle*, 2011.
Hélène HATZFELD, *Les légitimités ordinaires*, 2011.
Riccardo CAMPA, *La place, et la pratique plébiscitaire*, 2011.

Mustapha BABA-AHMED

LE NÉOMONÉTARISME, STADE SUPRÊME DU CAPITALISME

Impasses et désordres

L'Harmattan

DU MÊME AUTEUR

L'Algérie entre splendeurs et pesanteurs ? Editions Marinoor Alger 1997
L'Algérie : Diagnostic d'un non développement ? Editions L'Harmattan Paris 1999

5-7, rue de l'École-Polytechnique ; 75005 Paris
http://www.librairieharmattan.com
diffusion.harmattan@wanadoo.fr
harmattan1@wanadoo.fr
ISBN : 978-2-296-55825-0
EAN : 9782296558250

INTRODUCTION

« *Faites-nous de bonne politique et je vous ferai de bonnes finances* »
Joseph Dominique, baron Louis, ministre des finances sous la Restauration.

On pensait que l'année 2010 avait été l'heure de vérité : le monde avait dépassé la crise et croyait les grandes économies remises sur le chemin de la croissance après la tempête. Le premier semestre a, de ce point de vue, permis quelques espoirs ; mais le monde a vécu des moments de panique qui n'ont épargné ni les USA ni l'Europe. Les USA sont entrés dans une ère nouvelle : ils doivent négocier là où ils dictaient leur loi, avec l'Europe mais surtout avec la Chine.

Les marchés ont attaqué les sanctuaires les plus reculés : les Etats en qualité d'emprunteurs. Alors que les dettes étaient sanctionnées par des notes qui signifiaient absence de risques, certains Etats de la zone Euro essuient l'affront de la dégradation de rating par des agences de notation, qui, conspuées à propos de la crise financière qu'elles n'avaient pas vu venir, se dédouanent en consacrant les réactions négatives des marchés à l'égard de dettes souveraines. La dette grecque est dégradée le 20 mai. Cette décision fait suite à la défiance qui a frappé cette dette dès le 12 janvier, et s'est amplifiée au fil de déclarations cacophoniques de la zone.

Le cours atteint 1,43 $/€ le 4 novembre 2010 suite à l'annonce de la FED de reprendre les achats de bons du trésor pour 500 milliards en 6 mois. La FED fait de la guerre des monnaies malgré elle. Si la zone Euro avait manqué de chavirer en 2010, la dette souveraine américaine a failli entrainer, début août 2011, le monde dans des désordres monétaires et financiers incommensurables. L'accord trouvé sur le relèvement du plafond de la dette ne satisfait ni par son contenu ni par le spectacle donné au reste du monde sur le processus de décision. Les déchirements institutionnels pouvaient (et pourront) mettre les USA en défaut de paiement.

Le sommet européen mobilisé le 11 février sur le dossier grec est sanctionné par une déclaration qui laisse tous les scenarios ouverts mais, les marchés n'aimant pas les incertitudes, ce n'est pas le seul coût de la dette grecque qui augmente : la monnaie de la dette se déprécie. L'annonce de la Federal Reserve Bank (FED) de relever de 0,25 % à 0,75 % le taux d'escompte ajoute de l'huile sur le feu : elle fragilise l'Euro. Ce fut la première manche de la guerre des monnaies. Il est fait état de spéculations de Hedge Funds contre la monnaie unique, laquelle continue à pâtir de la cacophonie des signaux envoyés. La spéculation est atténuée par les achats massifs d'Euros faits par la BNS (banque centrale suisse) pour défendre les exportations de son pays. Quand ces achats cessent, la parité $/€ tombe à 1,21 le 29 juin.

Le président Obama qui a invité, le 24 juin 2010, l'UE à privilégier la relance à la rigueur budgétaire, doit renoncer, pour éviter à son pays l'apocalypse, aux deux piliers emblématiques de la politique budgétaire de son parti : une plus grande contribution de la part des riches et plus de dépenses sociales. Le chômage élevé et la reprise molle énervent d'autant plus les marchés que le pays est privé de la possibilité de tout moyen budgétaire de relance. Sa monnaie s'est affaiblie ; pourra-t-il préserver le rating de sa dette souveraine ?

Malgré les grands déséquilibres que les Etats Unis ont accumulés, institutions internationales et médias restaient silencieux sur le cas. C'est le G20 de juin 2010 à Toronto qui a noté dans sa déclaration finale : « *…Les récents événements mettent en lumière l'importance de la viabilité des finances publiques ainsi que la nécessité d'assurer celle-ci en instaurant dans nos pays des mesures crédibles, propices à la croissance et* *mises en œuvre dans le bon ordre, en tenant compte de la situation particulière de chaque pays. Les pays qui sont confrontés à d'importants défis financiers doivent accélérer le rythme de l'assainissement de leurs finances publiques.* » Les Etats Unis ne sont pas désignés, mais, le pays est affaibli par ses déficits budgétaires.

Jumeaux de ces derniers, les déséquilibres extérieurs procèdent de déficits commerciaux et de dépenses de prestige, dont les guerres, que le pays peine à assumer. Les Etats Unis imputent les déficits extérieurs sur les biens à la sous-évaluation délibérée du Yuan : ce prétexte avait été avancé contre le Yen au milieu des années 1990.

Le président chinois a répondu à des questions écrites du Figaro : « *Pour corriger le déséquilibre commercial, les parties concernées doivent transformer leur mode de développement, restructurer leurs économies et promouvoir un commerce juste et équitable en luttant contre toute forme de protectionnisme* » (02-11-10). C'est la Chine qui élève des récriminations contre le protectionnisme ! Pas de place pour une intrusion de qui que ce soit dans la gestion, souveraine, de la politique de change : « *La politique de change de la Chine est cohérente et responsable. Nous avons toujours travaillé à faire avancer sûrement la réforme du mécanisme de formation du taux de change du Yuan qui, de juillet 2005 à octobre 2010, s'est apprécié de 23,7 %.* » Et, Hu Jintao oppose *les principes d'autonomie, de contrôlabilité et de progressivité du système de change flottant et régulé* ». Donc, la flexibilité du Yuan – qui s'est apprécié de 7 % en un an – doit servir la réalité nationale et relève de la souveraineté nationale.

La monétisation de la dette publique US contribue à la dépréciation du Dollar. L'Amérique est accusée de manipuler sa monnaie. Le président Obama ne s'en défend pas quand il dit « *Nous voulons être sûrs de stimuler la croissance chez nous mais aussi à l'étranger* ».

Son prédécesseur avait transformé, dès son arrivée, des excédents budgétaires importants et structurels en déficits : à l'arrivée de Bush, Alan Greenspan avait prévu 4600 milliards de Dollars US d'excédents budgétaires sur dix ans. Au point que cela créa, selon ses dires, un sentiment de vide chez lui, la politique monétaire qui est fondée sur l'open market utilisant les bons du trésor comme instrument. Des excédents avaient été prévus « *aussi loin que porte le regard* » par le directeur du budget du président Reagan. Les prévisions pour le début des années 2000 devaient permettre de rembourser entièrement la dette souveraine réductible en 2006 ! Le président W Bush fit preuve d'inflexibilité pour appliquer les réductions d'impôts qu'il avait promises aux électeurs : 1350 milliards de Dollars US dès le premier budget. Un déficit global cumulé de 50 % du PIB sur les années 2000 remplacera les excédents prévus par A. Greenspan.

Le solde budgétaire a été amputé par la baisse de rentrées fiscales consécutive à la forte chute du marché boursier: les prévisionnistes n'avaient pas vu venir la contraction de l'assiette imposable dans ses deux composantes : effondrement des start-up des nouvelles technologies et baisse de 5 % de la production industrielle en 2001. Ils ont réalisé avec retard que l'expansion économique soutenue des années 1990 prenait fin avec la bulle technologique.

Alors que le pays importe de la désinflation, la FED s'engage dans une baisse continue et accélérée des taux directeurs ; son président en donne comme justification la crainte de la déflation qui risquait de paralyser l'économie comme au Japon. Explication courte. La réalité est que le pays ne pouvait maintenir la demande que grâce à un très fort endettement des différents agents économiques ; cela ne fera qu'accélérer la relégation de la sphère réelle au profit de la sphère financière, qui, par son contenu et ses dimensions, va créer un véritable mirage : la dette alimente l'enrichissement virtuel par l'exubérance des marchés amplifiée par la cosmétique comptable.

Alors qu'il est censé lutter contre ce mirage, le G20 ne réservera qu'une place congrue, dans les efforts contre la crise et contre la persistance de ses effets, à l'économie réelle : à Toronto, celle-ci a été citée comme s'il s'agissait d'une annexe à l'autre économie, la financière. « *D'autres progrès sont requis également en ce qui concerne les travaux de remise en état et de réforme du secteur financier, pour accroître la transparence et renforcer les bilans de nos institutions financières, ainsi que pour soutenir la disponibilité du crédit et la rapidité de la croissance, y compris au niveau de l'économie réelle.* »

En 2011, sonne le glas des déséquilibres sans douleurs aux Etats Unis. Alors que la dette souveraine de certains Etats de la zone Euro reste menacée et que le cercle des pays fragiles s'élargit, la tempête souffle sur les Etats Unis. Le Dollar US chute dans des proportions et à une allure jamais connues auparavant : le seuil de 1,30 Dollar US / CHF a été franchi. Ce n'est pas une dévaluation compétitive, mais un effondrement. C'est que tous les indicateurs sont au rouge :

- L'emploi ne reprend pour l'essentiel que dans le tertiaire et le chômage reste accroché au-dessus de 9 % ;
- La dette souveraine a dépassé le plafond qui lui est assigné et l'hyperpuissance offre au monde le spectacle d'un pays ingouvernable: les considérations électoralistes l'emportent sur les intérêts du pays avec le risque que cela ne soit plus apprécié comme vertu de la démocratie mais plutôt comme une gouvernance altérée par la guerre idéologique ;
- des agences rétrogradent le rating du pays, dans le sillage de celle de la Chine ;
- La FED, qui, jusque-là, anticipait les desirata des autorités politiques, annonce qu'elle n'est plus disposée à prendre de mesures additionnelles en direction des bons du trésor ;

- La Commission européenne est montée au créneau dans le domaine de la régulation et de la stabilisation financières avec une crudité de langage inhabituelle à l'égard des Etats Unis : l'Europe n'accepte plus d'écart de conduite par rapport aux règles convenues dans les diverses enceintes multinationales ; la Commission exige la contrepartie des Etats Unis aussi bien pour ce qui est de la capitalisation des banques, des bonus, des produits dérivés (il faut appliquer les règles dites Bâle III), que dans le domaine des normes comptables. Aucune exemption ne sera plus tolérée dans aucun domaine, même pour les USA ;
- La Chine demande de manière pressante aux Etats Unis de tenir compte des intérêts des investisseurs.

Crise financière, crise économique, crise sociale et crise des valeurs : le G20 qui fait face à toutes ces préoccupations, a dû engager un bras de fer avec les banques. Epicentre de la crise financière, bénéficiaires des aides publiques pour leur recapitalisation, mais aussi de taux d'intérêt historiquement bas, les banques continuent à marchander leur coopération, et cherchent à imposer leur volonté. Elles entendent conserver la haute main sur l'économie réelle et sur l'orientation de l'épargne des ménages ; elles prélèvent la dîme sur l'une et l'autre. Elles sont déterminées à faire barrage à toute tentative de mettre de l'ordre dans le fonctionnement des économies en général et, dans l'intermédiation financière en particulier, ordre indispensable pour éviter la résurgence des excès à l'origine de la crise. Et le rapport de forces penche largement en faveur des banques, sollicitées par les Etats de la zone Euro pour soutenir leurs dettes en perdition, même si le soutien sera par la suite payé par les contribuables.

La leçon majeure de l'histoire économique contemporaine est sans aucun doute la sanction des extrêmes : le libéralisme économique n'a pas survécu à deux décennies à la chute du mur de Berlin et à la débâcle subséquente du communisme. Si le sort de ce dernier semblait être scellé depuis quelque temps à l'ombre des victoires du libéralisme, la crise de ce dernier a pris le monde de court et peut provoquer un effondrement total de l'ensemble des économies.

Le communisme a pêché par le déni de toute initiative individuelle et par la soumission de l'individu à la tyrannie de la collectivité ; il a succombé parce que dévoyé par des tyrans assoiffés de pouvoir. Le libéralisme a, quant à lui, déifié la liberté de l'individu face à l'Etat. Dans «De la liberté» (1859), John Stuart Mill a mis en garde l'Europe contre le joug de l'uniformisation des peuples soumis au despotisme des coutumes : « *Si l'individualité n'est pas capable de s'affirmer contre ce joug, l'Europe, malgré ses nobles antécédents et le christianisme qu'elle professe, tendra à devenir une autre Chine* » (qui a selon lui, sombré dans l'immobilisme en dépit de la justesse des coutumes). N'est-ce pas l'affirmation excessive de l'individualité qui risque de précipiter le monde occidental et, avant tout les USA, dans les désordres annonciateurs du déclin ?

Nous verrons que la réussite des Etats Unis est liée, historiquement, à une conception très prononcée de la liberté de l'individu. L'imagination ne doit en rien être contrainte, quand il s'agit de servir la puissance, le leadership et la suprématie des USA. Le rejet de la régulation doit irriguer la vie de la nation en permettant l'épanouissement de l'individu, centre de toutes les sollicitudes.

La Chine a fait une percée subreptice dans les technologies de pointe et en particulier dans celles de la sécurité et de l'armement. Elle se profile comme producteur monopolistique des métaux stratégiques, appelés terres rares, dont elle détient 40 à 50 % des réserves mondiales selon l'US Geological Survey. En 2010, elle extrait 97 % de la production mondiale des oxydes de terres rares. Mais, le plus surprenant c'est que les autres pays n'ont pas vu la détermination de la Chine de se positionner dans les terres rares. Den Xiaoping aurait pourtant comparé, dès les années 1970, les 17 métaux précieux au futur pétrole de la Chine. La stratégie chinoise pour la maîtrise de ces métaux ne vise rien moins que l'utilisation autochtone exclusive, ce qui lui confèrerait un avantage comparatif redoutable pour les technologies du futur. [1] La Chine a consolidé le secteur en une entreprise étatique.

Le collectivisme ne peut plus faire l'objet que d'études à caractère historique. Les effets du libéralisme débridé sont plus menaçants que jamais : la concertation pour sortir des pays avancés de la situation de blocage de leurs économies a pris fin. Le chemin pour mettre le monde à l'abri de perturbations dévastatrices ne constitue plus une cause commune malgré l'interdépendance des économies.

Il n'y a plus que l'impact communicationnel qui peut être attendu de la mobilisation tous azimuts – G20, G8, Comité de stabilisation financière, FMI, banques centrales, et autres forums divers. Mais, que se serait-il passé en l'absence de cette mobilisation ?

Le commerce international a repris après une forte chute en 2008. Mais, sa reprise perpétue les déséquilibres, et même les accentue. Faut-il incriminer les monnaies comme cause des déséquilibres des échanges ? La déformation plus accentuée que jamais de la concurrence entre pays excédentaires et pays déficitaires peut-elle s'expliquer par les fluctuations des monnaies convertibles ou par les cours de change des monnaies non entièrement convertibles ?

En d'autres termes, les efforts déployés par le G20 pour lutter contre la crise et ses effets sont-ils correctement orientés et

[1] Olivier Zajec in « Le Monde diplomatique » novembre 2010.

ont-ils des chances d'aboutir ? Le reproche fait à propos de la gestion de certaines monnaies est-il recevable ? La question a des dimensions multiples, surtout dans le cas des Etats Unis :

- Est-ce le cours des monnaies qui constitue effectivement le facteur de distorsion déterminant de la concurrence dans le cas des Etats Unis ? Explique-t-il vraiment les déséquilibres dans les échanges entre les grands espaces économiques en présence ? Les Etats Unis peuvent-ils prétendre être encore un pays compétitif dans les échanges de produits ?
- Les échanges internationaux de produits ne sont-ils pas au contraire le reflet des transformations en action depuis un certain temps et qui marquent un tournant historique et peut être irréversible dans la division internationale du travail ?

Les mécanismes multiples mis en place par les pays développés à l'effet de protéger leur secteur agricole font que ce sont surtout les produits industriels qui sont en cause dans les contestations élevées par ces pays quant aux déséquilibres croissants des échanges entre nations. En réalité, un processus de baisse de performances dans les industries de plusieurs pays parmi les plus avancés est à l'œuvre depuis longtemps : USA, Angleterre, et France, à un degré moindre.

La dérive de la création des richesses du secteur secondaire vers le secteur tertiaire avait été présentée durant le dernier quart du XXème siècle comme signe probant de niveau de développement économique élevé, les pays élus étant passés au stade postindustriel. L'immatériel, plus rémunérateur que le secteur de biens matériels, était considéré plus valorisant, et, pour tout dire, nobilisant. Une telle explication pouvait-elle être la bonne ? Cela restait vrai aussi longtemps que les nouveaux venus dans l'industrie limitaient leurs ambitions aux stades de transformation de faibles créations de valeurs ; mais, les nouveaux compétiteurs comme la Chine ont très vite remonté la chaîne des valeurs ; ils ne se contentent pas de consommer ou adapter seulement les technologies importées. Ils sont producteurs des technologies les plus sophistiquées.

La Chine a envahi le monde comme le Japon auparavant, mais à travers un interstice : celui des prix modérés ; elle utilise pour cela le phénomène de paupérisation rampante qui frappe des couches de plus en plus larges dans les pays développés ainsi que l'essentiel des populations des pays en développement. Les performances et la taille de son économie lui ont offert l'opportunité exceptionnelle d'atteindre les marchés à l'export, à partir de coûts très bas que lui permet de réaliser son marché intérieur. De sorte que « *Tout s'est joué en trente ans* », comme l'écrit Abdellatif Benachenhou dans « Les pays émergents ». L'image de la Chine qui ne fait que louer des espaces et une main d'œuvre à bon marché est caricaturale. Les performances des grands pays émergents contraignent le secteur primaire aussi – qui reste aux Etats Unis comme en France, un enjeu économique mais aussi politique majeur – à une réduction drastique de ses ambitions et de sa voilure.

C'est sur l'ensemble des produits et services échangeables que porte l'enjeu du rapport des forces sous l'emblème de l'Amérique, d'un côté, et de la Chine, de l'autre, en dépit des nuances au sein de chaque bloc. Les pays développés se résoudront-ils à subir l'affront dans les secteurs économiques traditionnels, même si le tertiaire pourvoit pour plus des 2/3 de leur produit intérieur brut ? L'enjeu s'analyse en termes de richesses créées mais aussi et surtout d'emploi. Le chômage s'enlise à un niveau qui menace la cohésion sociale ici et là. Dans le contexte actuel, il contrarie la consommation et, donc, la reprise économique. Les effets sont absolument vitaux pour un pays qui, comme les USA, doit pouvoir miser d'abord sur la demande intérieure pour essayer de retrouver le chemin de la croissance durable. Peut-il recouvrer en économie ouverte les parts de marché qu'il a perdues ? Ou sera-t-il réduit à recourir à des restrictions à l'importation ?

Le président Obama a, en janvier 2011, déclaré que les Etats Unis avaient besoin d'un sursaut d'innovation et même de se réinventer pour surmonter la crise. Ce pays a déjà montré au monde qu'il était capable de se ressaisir. De quelles parades dispose-t-il ? Le miracle que les technologies de l'information et des télécoms ont eu sur l'économie américaine n'a-t-il pas été surestimé ? Cette phase a accentué la supériorité de l'économie américaine pour un temps avant de se transformer en bulle. Il convient de prendre du recul et situer cette période dans l'évolution sur le long terme. Les Etats Unis disposent-ils de moyens leur permettant objectivement de ramener rapidement la croissance et l'emploi à la fois? D'autant que, cela est connu, la croissance est moins riche en emplois aux Etats Unis que dans d'autres pays.

Les termes de la problématique ou, plus exactement, du défi de la remise sur les rails de la capacité à créer suffisamment de richesses et à stabiliser le système diffèrent évidemment d'un pays à l'autre. Les chemins de la croissance peuvent être examinés à travers deux exemples emblématiques : les Etats Unis et la France. On peut considérer que les caractéristiques économiques et sociales en font un échantillon représentatif pour tous les pays développés en crise. Emblématiques, ces pays le sont aussi, chacun à sa manière, des excès avec lesquels est combattue toute tentative d'infléchir les bases fondamentales du système sociopolitique national.

L'Etat providence demeure en France l'institution fondatrice de la cohésion sociale même s'il peine de plus en plus à assumer un rôle historique, que grignote la droite : le système de protection sociale oppose de la résistance aux exigences du marché financier. Aux Etats Unis, hérétique est considérée toute tentative d'en atténuer les effets sur la population : la sur réaction à la réforme du système de santé du président Barak Obama n'a d'égal que le dogmatisme opposé à la réforme du système de retraite français. Cette réforme sera certainement l'un des perdants de la crise de la dette fédérale, sacrifiée à l'autel des enjeux électoraux.

Un autre pays développé peut servir de contre exemple : la Suisse a traversé la crise comme un nuage passager et ce, malgré la forte implication de certains acteurs économiques majeurs du pays dans les excès : l'UBS dans les produits financiers toxiques et l'appréciation récente de sa monnaie. Au-delà de la compréhension de la crise financière elle-même, il s'agira d'essayer d'expliquer pourquoi la résilience au choc a été plus forte dans certains pays que dans d'autres. L'intérêt porté ici aux évolutions nationales sera approché à travers les performances respectives des pays examinés, qui seront analysées à l'aune des indicateurs les plus significatifs.

Les performances seront ensuite confrontées au potentiel de croissance, concept qui est utilisé par les experts de l'OCDE pour mesurer la capacité de l'économie à soutenir, sur le moyen terme, une croissance non inflationniste. Ce concept est choisi parce que les travaux de l'OCDE retenaient un haut niveau pour le potentiel de croissance aux USA : la crise a révélé que les performances économiques du pays étaient surfaites et même surestimées. La problématique de la dette le rend suranné.

Nous mettrons en lumière les données historiques d'évolution de chacune des économies considérées sur la deuxième moitié du dernier siècle. Cela permettra de resituer la crise née en 2007 aux Etats Unis dans son contexte historique. Le projecteur sera, à cet effet, porté sur les indicateurs économiques qui sont susceptibles de dessiner le profil de l'évolution future possible.

La référence idéologique – pensée libérale – qui a sous-tendu les politiques publiques et commandé les comportements sociaux qui ont amplifié la crise, servira de trame de fond pour la présentation des données et leur analyse. Elle servira également d'arrière plan à l'analyse autour du concept de potentiel de croissance. Au-delà, seront questionnés les fondements culturels sur la base desquels s'est construite la société et qui commandent donc l'exercice des activités économiques dans les pays considérés. Cela permettra de vérifier si les sociétés concernées continuent à forger leurs destins respectifs sur les valeurs historiques de base.

Les développements soumis ici visent à alimenter la réflexion sur les exercices de prévision qui font autorité. Certes, il est reconnu par des banquiers centraux et par les économistes de l'OCDE que les prévisions sont devenues plus difficiles que jamais.

Le FMI a montré ses limites à lire dans les données économiques : le Directeur du Département des études a écrit dans l'avant propos du numéro d'avril 2007 « Perspectives de l'économie mondiale » : « *Les risques économiques mondiaux ont diminué depuis la dernière édition des Perspectives [*sept 2006*] »*. Le FMI s'oppose par cette position frontalement à « *de nombreux titres et commentaires récents de la presse, qui a surtout évoqué les difficultés liées aux hypothèques aux Etats Unis, le risque de correction «désordonnée » des déséquilibres mondiaux et les inquiétudes suscitées par une montée des tensions protectionnistes.* » Et l'auteur a des explications pour justifier cette affirmation : « *... la consommation reste bien orientée (aux USA) grâce à un marché du travail vigoureux et au bon état des finances de ménages.* »

Des questions s'imposent :
- comment comprendre que les experts se soient détournés de la sorte de ce que des observateurs considéraient

comme des menaces sérieuses pour le devenir à très court terme de l'économie américaine et même de l'économe mondiale ?

- les experts du FMI méconnaissaient-ils l'état des finances des ménages américains pour soutenir qu'il était bon et qu'il constituait le gage de la stabilité qui devait prémunir contre le risque de correction ? Les chiffres étaient connus même si certaines pratiques ont été mises à jour après ;
- les experts du FMI ignoraient-ils que la sphère des produits dérivés échappait au contrôle aux USA qui n'appliquaient pas les règles de Bâle II instituées par la BRI surtout à l'effet de prendre en compte les produits titrisés ?

Et l'auteur continue : « *Même si l'économie des Etats Unis devait continuer de se replier, les retombées seraient maîtrisables, compte tenu surtout du fait que la gestion de la politique macroéconomique dans le monde s'est renforcée ces vingt dernières années ... Des taux de change souples et des politiques monétaires fondées sur des anticipations rationnelles réduisent l'impact des chocs de toute nature sur la production.* » Véritable panégyrique de l'idéologie dominant cette institution internationale et le monde soumis à ses dictats.

Des politiques économiques adaptées et des politiques monétaires conformes à la pensée néolibérale devaient prémunir le monde contre les nuages qui passent dans le ciel, puisque le comportement des agents économiques est rationnel. L'incertitude est aujourd'hui plus élevée que jamais : guère difficile à surmonter en économie planifiée, elle n'était déjà pas facile à lever en économie capitaliste quand les marchés financiers se limitaient aux actifs financiers liés à l'économie réelle.

L'envahissement des marchés financiers par les produits dérivés et la domination de ces marchés planétaires par des

acteurs colossaux de spéculation permettent-ils encore une visibilité de l'économie ?
Il ne s'agit pas de construire des prévisions ou des modèles ; mais de s'intéresser ici à l'aptitude de certaines économies à assurer une croissance et un niveau de l'emploi qui permettent à l'homme la réalisation de soi et à la société de continuer la vie en harmonie. En d'autres termes, les promesses des politiques, avant et pendant le pouvoir, dans le contexte actuel, correspondent-elles à une vision réelle ou sont-elles plus chimériques que jamais ?

Et les autorités nationales prises séparément ou même réunies dans les diverses enceintes de la communauté internationale ont-elles la maîtrise de leviers pour peser par des décisions et des politiques publiques sur la marche des affaires économiques et financières ? Et si oui, ces leviers sont-ils effectivement utilisés dans la bonne direction ?

Pour l'intelligibilité des situations, un premier chapitre est dédié à l'évolution historique des structures et des relations financières.

CHAPITRE PREMIER

LA DYNAMIQUE DES STRUCTURES ET DES RELATIONS FINANCIERES

A. LES ETAPES DU SYSTEME CAPITALISTE

DU FINANCEMENT DE L'INDUSTRIE A LA SPECULATION

De la propriété individuelle à l'apparition de l'entité juridique dite « société » : la personne morale a permis la diffusion du capital ; ce fût la révolution du mode de propriété, la première, condition sine qua non au développement du capitalisme d'abord industriel. Cette révolution comportait, en elle-même, les facteurs du génome de la concentration des richesses. La capitalisation des entreprises était indispensable à l'émergence de la grande taille. Elle a provoqué le phénomène pervers de l'appropriation des moyens de production par une minorité en dépit d'une popularisation de l'actionnariat dès le lendemain de la Deuxième guerre mondiale.

Les banques apportaient aux entreprises la ressource dont celles-ci avaient besoin pour développer leurs ambitions et la création de richesses. Le secteur bancaire a, alors, contribué à faire et défaire des empires industriels, la situation la plus emblématique étant celle des Etats Unis. Il a permis au système capitaliste de prospérer en participant aux choix fondamentaux qui modèlent la société : construction automobile et pétrole ont reçu le soutien financier des grandes banques et servi de modèle de consommation privilégié par les Américains. En ce sens, le secteur bancaire a contribué, de manière déterminante, à façonner les évolutions particulières des choix sociétaux dans les principaux pays aujourd'hui dits développés.

Des banques avaient alors la haute main sur l'industrie (quatre majors aux USA). En phase avec l'orientation politique, elles apportaient alors un soutien décisif au développement de l'économie mais aussi de plus en plus de la société, par le

truchement des prêts aux ménages pour le logement et les biens de consommation durable.
Les banques vont être prises dans un double vertige : celui de la concentration et celui de l'investissement spéculatif. Les dépôts collectés auprès du public servent à la constitution de propres portefeuilles de titres boursiers.

D'abord, les obligations d'Etats et les actions de sociétés : là, les banques servent de relais aux Etats pour combler leurs besoins de financement ; elles achètent les actions dans un but de spéculation et/ou dans un but de domination des entreprises de production industrielle.

La concentration au niveau des banques de la double puissance financière et industrielle leur donne les armes pour se positionner déjà en redoutables compétiteurs des pouvoirs politiques, lesquels sont adoubés, sinon choisis par les détenteurs de capitaux.

Mais aussi longtemps que la puissance financière ne déployait ses armes que dans la sphère réelle afin de développer les activités et d'accélérer l'économicité, les risques demeuraient limités pour les économies et pour les sociétés. La spéculation se limitait aux actifs financiers avec contreparties tangibles.

L'apparition de produits financiers dérivés construits au départ aux fins de couverture des risques a changé la donne : le système ne se limita plus à la couverture des risques ; il crée des risques par la spéculation et cherche parallèlement à se prémunir contre eux.

Le système va se transformer de façon exponentielle en machine à créer ex nihilo des risques en dehors des besoins et des emplois de l'économie réelle : la taille de cette sphère, qui s'autoalimente en marge de l'économie réelle, acquiert des dimensions telles qu'elle met en péril les systèmes

économiques et politiques sur lesquels a été construite la prospérité du capitalisme.
Les Banques et les entreprises financières montent et véhiculent les nouveaux produits en tenant les deux bouts du manche dans l'ex-croissance de l'économie ainsi créée : elles créent les produits, l'offre, et apportent en même temps la demande. Elles pourvoient la demande pour leur propre compte et pour celui de leurs clients attirés par des moyens (promotion et publicité) propres à donner le tournis des gains, l'« optimisme illusoire » selon Daniel Kahneman.

Les banques alimentent la demande par la monnaie qu'elles créent dans le processus multiplicateur du crédit avec deux inconvénients majeurs : la monnaie est bon marché auprès des prêteurs de dernier ressort que sont les banques centrales ; elle est détournée des emplois bénéfiques pour l'économie – à savoir la création des richesses – vers la sphère de la pure spéculation.

L'excès de liquidités stimule l'appétit des deux acteurs (banques et entreprises financières) ; et la permissivité du système s'étend aux autres spéculateurs, qui peuvent utiliser des ressources mobilisées auprès des banques, ou opérer même à découvert.

La plupart des spéculateurs ont essuyé les plâtres dans la dernière crise financière et sont échaudés pour un temps. Certains peuvent cependant chercher à prendre leur revanche sur l'histoire. Ils y sont encouragés fortement par les banques qui se mettent à l'unisson au remake du casino. Exit les mauvais souvenirs d'une nationalisation indue réclamée en catastrophe pour échapper à la faillite.

Mais, ce sont surtout les fonds d'investissement et autres catégories d'entreprises financières, qui font exploser les marchés.

Avec un effet de levier de 40, une banque peut prêter 100 pour 2,5 de fonds propres ; et l'effet de levier des fonds d'investissement est du même ordre. Cela signifie qu'avec seulement 1 (un) milliard d'Euros de fonds propres, la banque peut accorder un prêt de 40 milliards, et le Fonds d'investissement peut mobiliser ce prêt s'il apporte lui-même un milliard. Ainsi avec un apport global de deux milliards, le Fonds peut acheter des entreprises qui valent plus de quarante milliards. Avec le même apport, une entreprise du secteur réel peut tout au plus mobiliser des financements bancaires de l'ordre de quatre milliards. Cette discrimination met le Fonds en état de détourner l'économie réelle vers la sphère de la spéculation. Et les banques y sont d'autant plus disposées qu'aux USA le financement du secteur réel se fait sur le marché des capitaux. La banque et le Fonds n'engageant que modérément leurs propres ressources, sont mises en jeu principalement celles des déposants. En contexte de stabilité des prix, le pouvoir d'achat des dépôts est préservé. Mais ce n'est pas le cas en période d'inflation, même si des intérêts (très bas) sont versés aux déposants.

En affectant la ressource collectée aux opérations de l'espèce, les banques déplacent le pouvoir qui s'attache à l'argent de la sphère de création de richesses vers la restructuration d'entreprises. En effet, la création de richesses procède soit de la formation d'un capital physique de nature à créer un moyen de production, soit du développement des moyens existant. Dans ces deux cas, la vision est industrielle : l'opérateur économique assume des risques sur le long terme et apporte un surcroît de production et une plus-value sociale même si l'objectif est fondamentalement de type capitaliste au sens de recherche finale de profits.

La restructuration d'entreprises, métier des « Fonds de private equity », ne vise pas l'augmentation de la production ; elle cherche à comprimer les coûts de production pour réaliser un superprofit.

Mais, dans sa relation avec les Fonds de private equity, la banque reste dans son métier classique de pourvoyeur de ressources à un agent économique qui opère sur le secteur réel. Ce n'est plus le cas quand la banque investit elle-même massivement dans des produits dérivés. Ce n'est plus le cas, aussi, lorsque la banque affecte la ressource à des opérations de spéculation engagées par des clients à découvert chez elle. Elle met dans les deux cas en péril l'argent reçu des déposants puisqu'elle n'a pas la maîtrise (suffisante) du risque.

Les dépôts des clients, de même que les liquidités apportées par les banques centrales, sont dérivés par la banque vers des emplois qui ne sont pas utiles au capitalisme productiviste, mais sont le résultat d'une dérive du système, rendue possible par le jeu des libéralités du système préconisées par la théorie néolibérale.

Les oracles néomonétaristes ont proclamé que l'Etat n'est pas dans son rôle lorsqu'il intervient dans la réglementation de l'économie. Ils ont été entendus ; ce qui a donné la mode des « 3 D » :
- La dérégulation ;
- La désintermédiation ;
- Le décloisonnement des marchés financiers.

Le premier élément de cette triade est un pur produit du nouveau « paradigme dominant » au sens d'un « ensemble de convictions partagées par les savants à propos du monde qui les entoure » (Thomas Kuhn dans The structure of scientific revolution). Il est le commandement fondamental de la nouvelle économie aux Etats Unis, et, ceux-ci servant de locomotive, des pays qui s'empressent de copier leur exemple. Avec le recul dont il dispose, le monde ne peut pas ne pas voir aujourd'hui dans la mise en application de ce dogme la cause causante des dérèglements actuels de l'économie mondiale et, principalement, de celle des Etats Unis. Pour avoir été l'épicentre de la crise, ce pays est celui qui en pâtit le plus pour le moment. Sera-t-il celui qui en souffrira le plus (longtemps) ?

LA DEREGULATION JUSQU'A LA DERAISON DESTRUCTURE L'ECONOMIE AMERICAINE

Comment et en quoi la dérégulation a été la mère des travers qui ont déstructuré l'économie ? Elle a permis l'éclosion de techniques et de produits qui n'auraient pas existé si l'Etat avait conservé les prérogatives de régulation dans la finance. Sous-tendue par la doctrine libérale, l'innovation financière, pour être opérationnelle, a associé aux produits nouveaux des acteurs nouveaux pour les véhiculer. C'est une innovation financière débridée qui a vu le jour aux Etats Unis ; et ceci n'est pas un hasard : le nouveau monde est connu pour sa grande créativité dans beaucoup de domaines. Dans la finance, l'innovation devait, de surcroît, apporter réponse à des besoins objectifs : la protection de l'individu face aux aléas de la santé et aux effets du temps est, aux Etats Unis, basée sur la capitalisation au lieu de la solidarité, et la répartition, comme c'est le cas en Europe.

L'offre de produits financiers à rendement prétendument élevés a répondu à une attente de la part d'agents économiques qui avaient besoin de tirer le meilleur parti de leur épargne. Cette motivation est réelle et légitime dans les pays qui ne sont pas dotés de système de protection de type européen. Le monde anglo-saxon fondé sur la primauté de la liberté individuelle, laisse l'entière décision à ceux qui sont concernés par le problème : individus et employeurs. Ces derniers n'ont aucune obligation légale de concourir aux besoins de couverture de leurs employés en matière de santé et de retraite. Les salariés en sont réduits à se constituer une couverture de type individuel : souscrire une assurance médicale et une épargne pour la retraite en fonction de leurs capacités financières du moment.

L'idéologie néolibérale excommunie la réglementation parce qu'elle entrave aussi la globalisation financière. Seule compte pour l'école de pensée qui véhicule cette idéologie la concurrence : celle-ci va favoriser l'explosion de produits et de circuits financiers qui ne doivent leur existence qu'à l'imagination d'acteurs modélisateurs dont le mérite est à la mesure des produits inventés. Il va en être de ces produits comme de la mode vestimentaire : plus on s'éloigne des canons qui sont consacrés, et plus le géniteur est sublimé car il enrichit le spectre des métiers, et les acteurs. La créativité s'éclate en l'absence de toute réglementation, dans des montages toujours plus complexes pour créer ce qui s'avérera être le mirage des rendements et des performances.

Comme les règles altèrent la performance des marchés de capitaux, ni les acteurs ni les produits ne doivent y être soumis. L'innovation débridée se met au service de l'argent et le paysage va s'enrichir de techniques et pratiques qui n'ont pour règles que celles que veulent bien leur donner leurs promoteurs et, pour les besoins de la cause, les techniciens qui sont à leur service, tels les experts comptables. La position de ceux-ci à l'égard des innovations est singulière : bien que répondant aux desirata de leurs donneurs d'ordre, ils ont la prérogative institutionnelle d'édicter des règles pour ce qui est de la valorisation des produits et des patrimoines.

La « Fair value » (juste prix) est retenue pour la valorisation des produits de négoce chez les banques. Elle permet de comptabiliser pour ces produits actifs et passifs au prix du marché dont elle est censée donner une image réelle. Avec les inconvénients que cela comporte : l'instantanéité du prix qui se forme se fonde sur la base de transactions dont le volume est parfois marginal, comme l'a fait observer Maurice Allais, Nobel français, par opposition au système du fixing qui matche toutes les offres et demandes du jour.

L'Etat, en qualité d'acteur économique, doit se soumettre au règne du marché comme les autres acteurs. Il doit recourir au marché pour combler ses besoins financiers lesquels, théorie de l'économie de l'offre oblige, deviennent colossaux. Il se soumet lui aussi aux mécanismes du marché avec, il est vrai, un standing privilégié.

Pour avoir abandonné le système de fixité de taux de change, l'Etat doit renoncer au contrôle du mouvement de capitaux. L'efficacité du marché de capitaux gagne dans la mondialisation des circuits et d'acteurs qui font intervenir les offres et les demandes de toute la planète dans les différentes monnaies et en boucle ininterrompue.

LA DESINTERMEDIATION AU SERVICE DU MARCHE

Pour permettre à la dérégulation de déployer tous ses effets, il faut ramener au niveau du marché l'essentiel des ressources financières disponibles et celui des besoins à couvrir. La désintermédiation enlève aux banques le monopole dans l'allocation des ressources pour les circuits économiques : les acteurs non financiers peuvent s'adresser au marché pour couvrir leurs besoins de financement. Le marché canalise l'épargne vers les agents à besoins : il alloue les ressources de façon plus optimale, parce que transparente et unifiée que ne le fait le système bancaire. D'autant que le marché sera à la fois mondial et décloisonné. En effet, le modèle va bénéficier d'un apport insoupçonné par l'école néolibérale : la révolution des TIC qui crée la désincarnation des marchés; les échanges font intervenir des structures de règlement/livraison juridiquement connues mais se déroulent sans interruption dans le temps, les principaux acteurs mondiaux étant implantés partout.

La cotation continue couvre en boucle les 24 heures de la journée. L'osmose est ainsi totale entre les différents marchés nationaux qui mettent en présence les actifs mais aussi les devises concernées.

La désintermédiation aurait été limitée si elle n'avait pris appui sur la dérégulation mais aussi si cette dernière n'avait pas bénéficié d'approches harmonisées sur l'ensemble des places. Comme les Etats Unis sont le point de départ des différentes innovations et des technologies d'appui, l'harmonisation prendra naissance chez eux.

LA CAPILLARITE PAR LE DECLOISONNEMENT DES MARCHES

Dérégulation et désintermédiation ne suffisent pas : les capitaux en circulation sont de durées différentes. Entre « le jour le jour » du marché interbancaire et les 30 ans (voire plus) pour les obligations souveraines les acteurs peuvent opérer sur les durées correspondant à leurs spécificités; ils échangent ressources et emplois en fonction de leurs disponibilités ou de leurs besoins, selon le cas.

Les banques centrales exercent leur politique monétaire à travers le taux directeur (ou d'escompte) fixé comme référence pour les prêts de court terme : les acteurs ajustent les conditions de toutes leurs transactions en fonction du coût final du moment ou celui attendu de la ressource centrale. Circuits des marchés et niveau d'accès à la monnaie centrale concourent peu ou prou à la formation des taux et des conditions sur l'ensemble des actifs échangés sur les marchés.

Les contraintes fixées à la circulation des actifs financiers sont les règles prudentielles en matière de solvabilité et de liquidité. Seules y sont soumises les banques et entreprises qui ont accès directement aux liquidités de l'Institut d'émission. Tous les autres acteurs opèrent aux conditions du marché résultant de la confrontation des offres et demandes pour chaque type de produits. L'importance du taux de la banque centrale pour les transactions se limite aux ressources d'appoint apportées par celle-ci au marché.

Les 3 D vont déployer d'autant plus leurs effets que des acteurs de grande envergure voient le jour et vont jouer des rôles importants dans les circuits économiques et financiers surtout aux Etats Unis.

B. LES NOUVEAUX ACTEURS FINANCIERS

Les Fonds de pension ; de private equity et les Fonds spéculatifs.

Les fonds de pension

Les produits et acteurs financiers nouveaux qui font irruption dans l'économie américaine dans le dernier quart du siècle dernier vont transformer – n'était-ce pas le vœu des économistes néolibéraux? – en profondeur les règles du jeu du capitalisme.

Dans sa forme classique, le capitalisme avait continué l'organisation des activités humaines autour de deux types d'acteurs économiques dans le processus de création des richesses : les entreprises et les banques qui ont pour rôle de les financer. Ce modèle est récusé par les penseurs et les opérationnels qui lancent la désintermédiation. La primauté du marché ne peut se contenter de la concurrence qui existe entre les banques pour le financement des activités : pour se financer, les entreprises ont intérêt à aller au marché globalisé et unifié qui draine les ressources financières offertes.

Les Fonds de pension existent depuis longtemps et ont la mission classique de gérer les cotisations versées, pour la constitution par les salariés, de leur retraite. Ils dopent le capitalisme transfrontalier et optimisent les rendements grâce, surtout, aux investissements de participation. Leur irruption, à la faveur de la libération de la circulation des capitaux, dans les économies européennes dans les années quatre vingt, est accueillie avec réticence, en France, alors présidée par un socialiste; pour cause, ils malmènent le capitalisme douillet local et bousculent la gouvernance d'entreprises en prenant suffisamment de participations pour entrer dans leurs organes sociaux et peser ainsi sur leur gouvernance. L'argent est investi dans l'économie réelle. Il s'agit d'une forme de gestion de capitaux qui existe dans d'autres modèles économiques et financiers avec, comme différence qu'ailleurs, les institutions (caisses de retraite) sont soumises à réglementation et prennent peu de risques. Même si la crise a révélé que certaines caisses – de retraite ou de maladie – avaient une appétence de risque élevée.

Acteur social de première importance, le Fonds de pension doit, pour attirer la clientèle, rentabiliser au mieux les capitaux gérés pour le compte de ses cotisants. Véritable puissance financière avec des actifs en gestion parfois colossaux, il est secondé par de véritables machines de guerre : les grands cabinets de juristes et de comptables au service de stratégies visant la rentabilité maximale à court terme, même si l'épargne est générée et gérée à long terme.
Ce n'est pas dans des investissements transfrontaliers que les Fonds de pension ont essuyé les pertes les plus importantes ; c'est aux Etats Unis que des affaires retentissantes ont éclaboussé des Fonds de pension : des salariés dont l'épargne était gérée par un « Fonds maison » se sont retrouvés sans travail et sans épargne.

Les Fonds de private equity
La création des Fonds de private equity (FPE) et celle des Hedge Funds ou Fonds spéculatifs sont sous-tendues par des logiques plus spéculatives :

- Les Fonds de private equity rachètent des entreprises non cotées en bourse dans le but de les restructurer afin de les revendre à moyen terme ; leur capacité d'intervention est démultipliée au moyen d'effet de levier élevé comme on l'a souligné ; cependant, le champ d'intervention de ces Fonds reste l'économie réelle ;
- Les Hedge Funds opèrent aussi bien sur les produits dérivés – sphère naturelle de la spéculation – que dans l'économie réelle directement ; leur horizon est court, voire très court. Ils servent de premier véhicule à la spéculation, ce qui tente beaucoup d'intervenants. Leur origine remonte au besoin des opérateurs économiques de se couvrir contre les risques de change dès l'avènement du régime du flottement des monnaies au début des années soixante dix.

Les FPE investissent dans des entreprises industrielles. Le modèle était basé à l'origine sur la création de valeur avec rehaussement de la gouvernance des entreprises dans lesquelles le Fonds investit. Il a été dévoyé dans son essence. Le recours à des effets de levier toujours plus élevés (leverage buy out) en contexte d'abondance de liquidités bon marché a permis à leurs promoteurs de développer des ambitions sans toujours en avoir les moyens. Ces derniers sont fournis par la banque, qui rechigne à financer l'entreprise petite ou moyenne, laquelle n'a pas accès au financement par le marché. Le private equity est en position de force : il constitue la dernière possibilité ouverte à l'entreprise, et en profite pour lui imposer ses conditions et en être le fossoyeur. Pour l'année 2007, le montant de la dette par rachat avec LBO a atteint 669 milliards d'USD aux Etats Unis.

Le procédé consiste pour un Fonds de private equity à acquérir une entreprise ou l'essentiel de son capital en n'apportant lui-même qu'une faible part. C'est un paradoxe en soi ; le second paradoxe est le fait que le FPE laisse à la charge de l'entreprise achetée le remboursement de l'emprunt qu'il a lui-même contracté pour son acquisition. L'implication pour l'entreprise est qu'elle remboursera outre ses propres dettes celle qui a été contractée par son nouveau propriétaire.

Un autre procédé consiste pour le FPE à racheter des entreprises cotées d'une certaine taille qu'il retire de la cote du marché. Le but est de conduire là aussi un plan de restructuration de l'entreprise. Cette restructuration prend comme dans le premier cas la forme de suppression d'emplois et de forte compression des coûts. Il faut, comme dans l'achat d'entreprise non cotée, rendre la mariée belle pour les investisseurs. D'aucuns considèrent que des pratiques de cette nature sans « due diligence » ni réelle stratégie n'étaient pas vraiment du Private Equity.[2] Cela n'enlève rien à la réalité économique du procédé.

Rappelons que dans les règles de base du capitalisme, la solvabilité de l'entreprise est représentée par son actif net, qui équivaut, pour simplifier, à l'excédent des actifs sur les passifs dus aux tiers. Cet actif net est appelé fonds propres au passif. Nous sommes alors dans la situation où le FPE prend la liberté d'assimiler sa créance «dans l'entreprise » aux créances «sur l'entreprise» : il charge l'endettement de celle-ci au détriment de ses créanciers.

Pour gagner le maximum d'argent, le FPE qui devient propriétaire de l'entreprise, la restructure et souvent la démantèle ou délocalise avec l'argent des autres. Il a, donc, acheté le droit de remodeler l'entreprise aux mieux de ses intérêts spéculatifs. Le propos peut sembler caricatural ; il reflète néanmoins la manière réelle, c'est-à-dire dévoyée par rapport au modèle postulé au départ, dont nombre de FPE ont opéré.

---

[2] Olivier Coekelbergs et Axelle Ferey, Senior Managers Ernst Young ; avril 2009.

C'est bien, là, le cœur du processus de déstructuration de l'appareil industriel américain : les instruments hors catégorie, que sont les FPE, ont été utilisés par leurs promoteurs pour gagner de l'argent par des opérations qui sont la négation de l'entreprise au sens de Schumpeter. De sorte qu'il est permis de se demander si on peut parler, à propos des opérations de ce type, de création de valeur. La pratique a davantage contribué à la distorsion de la répartition de la valeur ajoutée entre capital et travail, qu'à la création de valeur. Elle aboutit à délocaliser des activités voire à la simple destruction de potentiel de production avec l'active bienveillance des banques. L'abondance de liquidités bon marché a donc été dévoyée au profit d'intérêts particuliers qui ne corroboraient pas l'intérêt général, puisque sans véritable création de surcroît de richesses réelles en contrepartie.

Les Fonds spéculatifs

Les Fonds spéculatifs recourent aux mêmes moyens bancaires et aux mêmes techniques de LBO dans un esprit de spéculation sur tous types de produits sur le marché mais aussi sur des opérations sur entreprises comme les FPE. Produits structurés, commodities, pétrole, rien n'échappe à leur convoitise. Ils sont devenus de véritables Price makers sur les marchés.

Le retrait de ces Fonds du marché pétrolier a été considéré comme la principale explication de la brutalité et de l'ampleur de la baisse des prix du pétrole à l'automne 2009, comme leurs interventions spéculatives massives avaient été à l'origine de l'accélération du mouvement haussier auparavant. Ont-ils créé de la valeur ? Leurs interventions se sont traduites par des mouvements erratiques importants de prix mais sans création de valeur pour ces produits. A l'égard des entreprises, ils ont été des prédateurs au moins aussi voraces que les Fonds de private equity.

Pour fragiliser la proie, il suffit de lui refuser la ressource. Mais, pourquoi les Fonds captaient-ils une part toujours plus importante des crédits bancaires au moment où les entreprises moyennes et petites qui n'ont pas accès au marché éprouvaient des difficultés à se financer auprès des banques ? Les économistes néolibéraux ont expliqué que les économies étaient devenues mâtures avec des profitabilités élevées par opposition aux économies d'endettement, caractérisées, quant à elles, par de faibles profits, le financement bancaire ainsi que la régulation monétaire au moyen du contrôle quantitatif du crédit.

La désintermédiation en œuvre profite aux géants qui n'ont aucune peine à accéder ni aux financements de marchés ni aux crédits bancaires. Cela reste moins vrai dans l'Europe continentale qu'en Amérique où le marché pourvoit aux ¾ des besoins de financement des entreprises. La discrimination dans l'accès aux ressources est en soi une forme de sélection pour imposer la concentration des acteurs économiques ; la mortalité des PME est accentuée par les objectifs des Fonds et des autres spéculateurs de tous genres.

C. LES NOUVEAUX PRODUITS

Ils apparaissent et se développent rapidement à la fin du siècle dernier aux Etats Unis. Ils procèdent du transfert des risques pris par les banques dans les opérations de crédit et constituent ce qui est appelé communément dérivés de crédit. L'acheteur du risque est généralement une société d'assurance qui, comme dans toutes les assurances de dommages n'indemnise que si le risque se réalise c'est-à-dire s'il y a défaut du débiteur originel.

Les CDS (credit default swap) sont regroupés en portefeuilles, qui sont présentés sous la forme d'un véhicule spécial (SVP) et sont garantis par des cocktails de dettes ou titres. Selon le degré de complication de ces cocktails, c'est un asset-backed securities (ABS) ou un collateralized debt obligations (CDO).

Les risques sortis du bilan de la banque font l'objet de cascades de transferts à travers des montages de titres dont le contenu échappe même à ceux qui les ont construits. « Les risques de la titrisation se trouvent à toutes les étapes de la chaîne"[3] Les crédits toxiques (de mauvaise qualité) font sombrer les montages en cas de difficultés. Les risques pour le système viennent du fait que les risques passent des banques à des acteurs financiers qui ne sont pas soumis à une réglementation comme le sont les banques. Le risque échappe donc à toute vigilance institutionnelle.

Des acteurs financiers d'envergures diverses s'engagent dans des opérations qui ne font pas que répartir les risques, mais qui, quand elles ne sont pas maîtrisées, transfèrent les risques des banques vers des non banques, qui ne sont pas outillées pour gérer des risques. Le capitalisme originel fondé sur la responsabilité a cédé la place à un système qui permet à des opérateurs – banques et non banques – de prendre des risques sans devoir les assumer. Le néocapitalisme financier est un système de non responsabilité, voire de l'inconscience.

---

[3] Michel Aglietta : « Macroéconomie financière » 5ème édition p. 97.

CHAPITRE 2

LES ETATS UNIS PROMOTEUR MAIS AUSSI VICTIME DE L'ECONOMIE NEOLIBERALE

« Ne songer qu'à soi et au présent, source d'erreur dans la politique »
Jean de La Bruyère (Les caractères, Des Jugements)

A. L'EMERGENCE FULGURANTE DES ETATS UNIS

La Guerre de Sécession, de 1861 à 1865, est considérée comme l'épisode fondateur de l'histoire et, peut-on dire, de l'âme des Etats Unis, dotés d'une Constitution dès l'indépendance en 1787. Une vision commune de l'émancipation contre la tutelle britannique unissait alors les treize colonies, mais, celles-ci reposaient sur des systèmes économiques et sociaux antagoniques. Le Nord qui avait bénéficié de l'essentiel de l'immigration a supprimé l'esclavage ; le Sud, avec 3,5 millions d'esclaves, est rural. En 1860, le Nord, déjà industrialisé, compte 23 millions d'habitants sur un total de 32 millions. Le Sud est resté économiquement, culturellement, et politiquement, fortement attaché à une vision de l'Union fondée surtout sur l'esclavage, qu'il appelait pudiquement « l'institution particulière » ; cette différence de vision est la source d'un conflit resté longtemps larvé entre Nord et Sud.

La suppression rapide de l'esclavage dans les Etats du nord a été consubstantielle à l'esprit de libre entreprise et de concurrence qui y prévalait. L'immigration qui avait fui la misère d'Europe, a été soit entreprenante soit une main d'œuvre prête à être exploitée ; la docilité de la main d'œuvre sera une caractéristique principale du modèle économique américain. Cette caractéristique est renforcée par l'esclavage qui était dans le sud un principe fondamental de la société, dominée par une classe aristocratique de grands planteurs, de coton surtout. Les élections de 1860 amènent au pouvoir un républicain du Nord, Abraham Lincoln, décidé à mener la bataille jusqu'au bout contre l'esclavage. Les démocrates du nord aspirent à la paix, et ne cherchent pas à porter atteinte à

« l'institution particulière » ; mais, les menaces de sécession des Etats du sud les plus intransigeants se transforment en réalité dès l'élection à la tête de l'Union de Lincoln. L'industrialisation du conflit constituera, elle aussi, un vestige indélébile dans la nation en formation :
« Là où, voici trois ans, nous ne fabriquions pas un fusil, ni un pistolet ni un sabre, ni une balle ni un obus [...] nous fabriquons désormais tous ces articles en quantités suffisantes pour satisfaire à la demande de nos grandes armées. » a déclaré Josiah Gorgas, chef du matériel de l'armée confédérée en avril 1864.

L'implication croissante des ressources et de toutes les capacités d'innovation est considérée par les spécialistes comme un facteur décisif dans l'issue du conflit : en effet, dès le début de la guerre, la dissymétrie des ressources et de la production industrielle est largement en faveur du nord. Le passage à l'économie de guerre et une mécanisation rapide vont marquer pour toujours le système de production américain.

La guerre apporte de nombreuses innovations qui annoncent la « modernisation » des conflits armés. En effet, pour la première fois dans l'histoire, sont utilisés à grande échelle tous les moyens techniques apportés par la révolution industrielle et la révolution des transports. Le télégraphe aussi joue pendant la guerre un rôle totalement nouveau, permettant la transmission des ordres par les chefs militaires de même que la communication rapide de ces derniers avec les autorités politiques et administratives.

Enfin, une autre évolution significative concerne la guerre navale. Des navires cuirassés sont fabriqués. Le premier sous-marin du monde, le petit *CSS Hunley*, parvient à l'aide d'une « torpille » primitive à couler un navire de blocus. Ces nouvelles armes, qui ont aidé à changer définitivement le cours de la guerre, ont eu des effets psychologiques majeurs et constitué une évolution profonde dans les problématiques militaires des temps modernes. C'est déjà une des premières victoires de la technologie dans l'histoire.

La guerre de Sécession, est l'acte de naissance de l'Amérique moderne au plan militaire, débarrassée dans une large mesure, de la tare de l'esclavage ; elle fait émerger le libéralisme « yankee » comme ciment fondamental de l'Union. Le Nord va peu à peu lancer le pays tout entier dans une position prééminente dans le concert des nations.

Une autre caractéristique des Etats Unis d'Amérique procède de cette période : le pays unifié se définit par opposition aux autres nations et, principalement, l'ancienne puissance colonisatrice ; ses efforts sont tendus vers la singularité à l'égard du monde extérieur c'est-à-dire à l'égard de l'ancien monde, lequel ne doit pas servir d'exemple. La devise est : « *Si nous devons être une nation à quelque égard que ce soit, il est clair que ce doit être à l'égard des autres nations* ».

Mais, le pays ne va pas seulement rompre avec le passé colonial, ce qui constitue en soi un ferment de l'affirmation de la nouvelle nation et de sa puissance. Cette nation annonce d'ores et déjà son rôle dans l'évolution de l'humanité. John Adams a déclaré : « *L'Amérique a été désignée par la Providence pour être le théâtre où l'homme doit atteindre sa véritable stature, où la science, la vertu, la liberté, le bonheur et la gloire doivent s'épanouir dans la paix* ». Une nation ne cesse de se fonder en croissant dans le temps ; aussi, ce rôle messianique, l'Amérique aura à l'assumer à maintes reprises depuis lors.

Alors que l'Angleterre et la France, nations les plus avancées des XVIIIème et XIXème siècles, rivalisent entre elles sur les plans industriel et militaire mais aussi pour des espaces géographiques d'expansion, les Etats Unis construisent leur développement sur place.

B. L'IRRUPTION DE LA SUPERPUISSANCE LE HARD POWER

Les Etats Unis ne s'impliquent dans la Seconde guerre mondiale qu'avec l'attaque de Pearl Harbour. Ils disposent déjà de l'arme nucléaire dont l'utilisation a tétanisé le monde. La Seconde guerre mondiale leur donne l'opportunité de se positionner en puissance de libération et, partant, en puissance tutélaire de l'Europe. L'arme atomique leur confère alors le « Hard power » : ils apportent le parapluie nucléaire à l'Europe de l'Ouest face à la menace de l'Union soviétique, laquelle a construit le pacte de Varsovie. Cette couverture vaut autant sinon plus par la perception que s'en font les pays protégés que par ce qu'elle apporte.

Ministre du général De Gaulle, Alain Peyrefitte souligne[4], à cet égard, le paradoxe dans lequel était la France au milieu des années cinquante : « ...*Combinant une politique étrangère docile aux Américains et une politique coloniale combattue par eux, la France attirait à la fois sur elle l'irritation du monde occidental et la tension des pays de l'Est.* » Il fait état «d'équilibre féodal» dans lequel « *Washington savait mieux que Paris ce qui convient aux Français* » comme Paris sait mieux que Dakar ce qui convient aux Sénégalais. En 1958, quand de Gaulle arrive au pouvoir, même cet équilibre féodal est rompu, selon A. Peyrefitte : « *Le suzerain américain se mêle de nos fiefs, encourage nos propres vassaux à la révolte* ». C'est à cette position de vassalité de la France que le général va s'efforcer de mettre fin une fois revenu aux affaires même s'il débarrasse la France de ses vassaux comme il l'a fait pour l'Algérie.

Mais pour ce qui nous intéresse directement, c'est le Plan Marshall qui constituera la source géniale de l'affirmation de

[4] Alain Peyrefitte : « De la France » Omnibus p. 68.

ce qui sera le « Soft power » américain : l'aide massive à la reconstruction économique de l'Europe dope la machine industrielle américaine mais, surtout, va créer une véritable dépendance du monde vis-à-vis du Dollar. Ceci sera favorisé par le nouveau système monétaire international que l'Amérique peut, à la faveur du « Hard power », construire à la mesure de ses intérêts du moment, mais aussi, pour le long terme.

Le président Truman a proposé, ou plutôt décidé, en mars 1947, que les Etats Unis « prennent la tête du monde libre », considérant que parmi les deux conceptions du monde, il s'agit de celle « *qui se fonde sur la volonté de la majorité et se caractérise par des institutions libres, un gouvernement représentatif, des élections libres, des garanties de liberté individuelle, de liberté d'expression et de religion et d'absence d'oppression politique.* » Par opposition à l'autre conception qui va être assumée par l'Union soviétique, et qui, selon lui, se fonde sur « *la volonté d'une minorité imposant par la force sa domination sur la majorité...* ».

L'Union soviétique et les Etats Unis sortent de la Guerre auréolés pour avoir permis la victoire sur l'axe ; les Etats Unis ont, alors de surcroît, le triste privilège d'avoir utilisé l'arme nucléaire contre le Japon. Ils ont signé, par le bombardement de Hiroshima, l'acte dévastateur radical qui a fait plier le Japon et son empereur et qui a fait de leur pays la puissance qu'il faut craindre. « *La menace de l'utilisation massive [d'armes nucléaires] a créé un effet dissuasif absolu sur l'Union soviétique* », souligne Pascal Boniface[5]. Pourtant, ce pays dispose d'une force de frappe conventionnelle foudroyante, ce qui a dû accentuer le niveau des moyens installés par les USA en Europe de l'Ouest et la mise sous tutelle de cette dernière, qui cherche aujourd'hui à s'en affranchir par tous les moyens.

---

[5] P. BONIFACE « Comprendre le monde » p. 221.

Le redoutable privilège de l'arme nucléaire sera assez rapidement partagé par l'Union soviétique ; le monde s'installe dans le régime de la dissuasion nucléaire. La situation est, alors, devenue celle que Raymond Aron a résumée par la formule : « *Guerre improbable, paix impossible* ». Le système de défense de l'Europe de l'Ouest face au bloc de Varsovie était déjà mis en place lorsque la Grande Bretagne et la France se sont dotées elles aussi de l'arme atomique. Le parapluie américain pouvait d'autant moins être contesté que l'Europe avait un besoin pressant des Etats Unis pour reconstruire son économie.

L'arrivée de la Grande Bretagne et de la France dans le club des puissances nucléaires et même thermonucléaires ne changera pas fondamentalement la situation de l'Europe de l'Ouest par rapport aux Etats Unis, nonobstant l'affirmation, répétée surtout par de Gaulle, de l'indépendance de la France. Le leadership américain est indispensable à la reconstruction de l'Europe à l'abri des menaces de l'Est. Face à l'ennemi leader du monde communiste qu'il faut combattre à tout prix et qui est doté lui aussi de l'arme atomique en plus d'une puissance militaire conventionnelle redoutable, les Etats Unis mettent tous les moyens pour le développement d'industries des divers types d'armements qui leur permettent de conserver et de renforcer le leadership de la puissance.

Leur modèle de développement sera fortement marqué par cette orientation. Leurs industries militaires ont même constitué l'axe central de la suprématie économique et le restent encore à ce jour. L'intérêt économique le dispute à l'exigence de sécurité : le plus fort ne doit pas être rattrapé ; pour cela, il faut développer sans cesse de nouvelles armes, les produire mais aussi les essayer pour s'assurer de la permanence de la suprématie et les vendre de manière sélective : ce qui doit être optimisé par des situations qui permettent au pays de tailler toujours davantage de croupions dans la géostratégie, situations qu'il faut donc créer et actualiser sans cesse. Le lobby militaro-industriel est assuré de toujours constituer l'épine dorsale de la formation politique aux Etats Unis ; il ne doit partager ce privilège qu'avec le monde de la finance lorsque celle-ci en arrive à maîtriser mécanismes et circuits internationaux. Ceci explique que le secteur de la défense ait toujours constitué l'antre principal de la recherche et du développement du pays : le PPBS (Planning Programming Budgeting Système), utilisé en économie, est né au Pentagone. Avant l'avènement de la nouvelle économie, la défense était le moteur technologique essentiel du pays.

C. LES FONDEMENTS SOCIOCULTURELS

Mais, la prééminence industrielle américaine n'est ni nouvelle ni limitée aux armements : certes, les Etats Unis ont utilisé au début les bases techniques venues d'Angleterre et de Hollande ; mais ils développent au début du 19ème siècle des techniques dans le textile, la machine à vapeur, et dans la décarbonisation du fer. Grâce au dynamisme du Nord, le « système américain de manufacture » existe avant même la guerre de sécession.

La montée en puissance du pays est soutenue par un accroissement démographique sans compétiteur dans le monde occidental : la population atteint 100 millions en 1920, avec un appoint direct de l'immigration de seulement 25 millions depuis 1820. Celle de la France stagne sous le double effet de la faible natalité et de la forte mortalité, toutes les deux étant liées à la misère et à la réticence au changement comme l'explique Alain Peyrefitte à travers l'exemple de la pomme de terre : l'introduction de celle-ci, alors que les disettes décimaient la France, n'a eu lieu que lorsque le roi Louis XVI a mis dans sa boutonnière une fleur de pomme de terre.

A la différence d'une société fortement hiérarchisée comme la société française, aux Etats Unis prévaut l'autonomie de l'individu, matrice de la responsabilité, indispensable à ce que recherchent les esprits ouverts à l'aventure pour réaliser l'accomplissement. Ce que Mac Clelland appelle « *the need for achievement* ». La minorité entreprenante de la société américaine trouve dans les Etats du nord les mécanismes sociaux qui laissent libre champ à la prise de risques et, par suite, à l'innovation. Les Etats Unis sont le plus grand pays où ces mécanismes allaient permettre aux aventuriers de se dépasser parce que libérés de la contrainte oppressante de la mentalité et de la réglementation monocentriques.

Le dynamisme fulgurant des Etats Unis tire son essence du modèle industriel et marchand qu'ont choisi l'Angleterre et la Hollande, pays d'origine de la majorité des immigrants reçus par les Etats Unis. Les Hollandais qui ont créé en 1821 la Compagnie des Indes occidentales s'installent à New York qu'ils baptisent d'abord « La nouvelle Amsterdam ». Navigation et grand négoce font l'essor de ce qui s'appelle «Les Provinces Unies». Les Hollandais, qui ont précédé les Anglais dans l'aventure du négoce international, ont laissé une marque indélébile sur les Américains. Amsterdam est alors le premier port du monde et la première Bourse des valeurs y a été créée en 1609. Les Anglais au profit desquels les Hollandais vont s'éclipser les considèrent à l'époque comme « les meilleurs négociants du monde ».

Les uns comme les autres apportent aux Etats Unis le souffle de l'entreprenariat et de l'innovation du nord par opposition à l'inertie sclérosante dans laquelle se sont définitivement installés les pays du sud (Portugal, Espagne, France) pourtant premiers arrivés dans la navigation lointaine et l'occupation d'autres territoires.

D'aucuns expliquent l'engourdissement du sud et les succès des pays du nord qui ont pris leur relève par les convictions religieuses des uns et des autres: la réforme protestante a libéré les esprits et les initiatives, alors que le catholicisme a eu sur ses adeptes un effet de soumission et d'inhibition. Outre l'obligation de l'astreinte à la soumission à la hiérarchie du clergé, les catholiques ne sont pas autorisés à pratiquer l'usure et même tout simplement l'intérêt. Saint Augustin, l'évêque d'Hippone (appelée Bône ensuite avant de prendre le nom de Annaba, en Algérie) l'interdit : «Ne pratiquez pas les prêts à usure et ne prêtez pas de l'argent à intérêt. N'ayez rien à faire avec les usuriers, laissez-les partir » (Actes 8,20).

Le phénomène de la soumission est fortement aggravé par la prédilection en pays catholiques du sud pour l'aristocratie et le faste. En Espagne, les emplois publics sont réservés aux porteurs d'épées, et les activités économiques traitées avec mépris ; « l'ambition territoriale et religieuse l'emporte sur le mobile commercial »[6] dans l'expansion géographique.

C'est ce moment de l'histoire de l'humanité qui profila le clivage Nord/Sud, lequel est allé en s'amplifiant depuis lors. L'Amérique centrale et du sud ont été marquées du sceau des tares du moment des pays qui les colonisent : Portugal et Espagne. Pendant que l'Amérique du nord, dans ses deux composantes – Etats-Unis et Canada – va porter la trace indélébile des pays porteurs de progrès et de modernité, même si la province du Québec reste largement marquée jusque là de l'empreinte française.

Si en France, le mot « novateur » se prend « *en mauvaise part, tant les hommes ont d'attachement pour les choses établies* » comme l'a souligné Diderot, le rapport de la société américaine à l'argent est décomplexé : « *Nous devons exhorter*

[6] A. Peyrefitte : op. cit. p. 151.

les chrétiens à gagner tout ce qu'ils peuvent et à épargner tout ce qu'ils veulent ; c'est-à-dire en fait à devenir riches », a dit John Wesley, pasteur anglais et fondateur du méthodisme. Cette phrase contient vraiment la quintessence du comportement économique chrétien qui va fonder le capitalisme moderne. Il n'est pas interdit de gagner de l'argent à la condition d'en faire un usage raisonnable en matière de dépenses. Dans l'église réformée, les comportements économiques sont affranchis de l'interdiction de l'intérêt institué par Saint Augustin.

Historiquement, les Etats Unis se caractérisaient par la conviction dans le mérite de la production et la modération dans la dépense ; le père Charlevoix compare la pratique de ce pays en tant que dépendance de la Grande Bretagne à celle des dépendances de la France au XVIIIème siècle : « *Il règne dans la Nouvelle-Angleterre et dans les provinces soumises à l'Empire britannique une opulence dont il semble qu'on ne sait point profiter ; et dans la Nouvelle-France une pauvreté cachée par un air d'aisance. Le colon anglais amasse du bien et ne fait aucune dépense ; le Français jouit de ce qu'il a et fait parade de ce qu'il n'a point* ». Les Français reproduisent alors le schéma comportemental de la métropole dominé par les fastes de la royauté.

Aux Etats Unis, la libre entreprise est portée par les immigrants abreuvés à la morale protestante, qui, tout en condamnant le luxe, encourage l'initiative et voit même dans son succès une marque de reconnaissance de la Providence. Le sociologue allemand Max Weber a établi une relation entre l'éthique protestante et l'esprit capitaliste[7]. Selon lui, c'est la mentalité économique que permet l'affranchissement protestant qui explique l'avance que prennent les pays qui ont abrité la Réforme sur les pays qui ploient sous le double joug de la religion catholique et la bureaucratie étouffante des

[7] L'Ethique protestante et l'esprit du capitalisme. 1904.

régimes monarchiques centralisateurs de l'Europe du sud. Les motivations d'ordre spirituel ont été, selon lui, déterminantes dans l'essor du capitalisme dans les pays protestants.

Aux Etats Unis comme en Suisse et en Allemagne, le facteur religieux est conforté au plan institutionnel par la construction du pouvoir central sur une base fédérale : dans ces trois pays, l'Etat national (appelé fédéral) est l'émanation, à partir de leur adhésion volontaire, d'Etats fédérés, Cantons, Landers respectivement dont les prérogatives permettent de limiter les pouvoirs qu'ils acceptent de déléguer au pouvoir central. Alors, l'individu n'étouffe ni dans ses convictions profondes ni dans son rapport à l'Etat.

D. LE SOFT POWER

L'évolution économique de l'Amérique reléguera la puissance de la Grande Bretagne, mère patrie, dès le lendemain de la Première guerre. Les mécanismes monétaires modernes sont nés avec la convertibilité de la livre anglaise instituée par le Bank Charter Act en 1844. Les prix mondiaux sont fixés par référence à cette monnaie qui sert de moyen de transaction ; ce qui, bien évidemment, servira de soutien à la révolution industrielle.

Une grille de parités stables s'est alors organisée autour de la Livre anglaise comme monnaie de référence par rapport à laquelle sont définies les valeurs des autres monnaies.

Reflet et prolongement de sa suprématie industrielle de l'époque, le système monétaire du Gold Standard est dominé jusqu'à la première guerre mondiale par l'Angleterre. La Livre anglaise est convertible en or par tout détenteur sur une base fixe et les autres monnaies le sont par référence à leur valeur déterminée à partir de la Livre anglaise. La liberté de circulation des capitaux était compatible avec ces changes fixes : un déficit de commerce extérieur ne peut être supporté que pour un temps ; son paiement par l'or entame les réserves du pays et entraîne automatiquement une contraction de la masse monétaire, et donc une déflation.

Le système monétaire fédéral américain est créé en 1913 autour de la Federal Reserve Bank, en tant que regroupement des banques centrales des Etats fédérés. Sur recommandation de l'économiste suédois Gustave Cassel, sont adoptées des dispositions qui fondent un système de changes fixes, mais ajustables, selon le pouvoir d'achat. Chaque banque centrale recouvre sa liberté en matière de politique monétaire. C'était toujours le Gold standard.

L'Accord de Gêne de 1923 enterre le Gold Standard et le remplace par le Gold Exchange Standard. Dans ce système, la monnaie est émise par une banque centrale contre de l'or mais aussi contre les monnaies convertibles du moment : la Livre Sterling et le Dollar US. Ces deux monnaies étaient donc acceptées, au même titre que l'or, comme garanties et en paiement des autres monnaies mises en circulation. Le droit au remboursement en or n'était plus reconnu pour ces deux monnaies qu'aux non résidents.

La crise de 1929 bouleverse brutalement la donne : les Etats Unis rapatrient leurs avoirs cette année-là ; l'Angleterre met fin à la convertibilité de la Livre Sterling en 1931 après sa dévaluation de 40 % le 21-09-31 et les Etats Unis en font autant pour le Dollar en 1933. La mort du Gold Exchange Standard est signée en 1936 par la décision de la France de suivre le mouvement en mettant fin à la convertibilité du Franc. Jusqu'en 1944, le monde vit sans aucune monnaie de réserve et donc sans droit au change ni en or ni en une autre devise internationale, autant dire qu'il vivait alors en dehors de système monétaire organisé.

A l'issue de la Deuxième guerre mondiale, le choix d'un nouveau système monétaire, indispensable pour gouverner les échanges internationaux, était un enjeu de première importance. La question fondamentale sous jacente était de savoir si une monnaie allait être acceptée comme monnaie de réserve internationale, ou si ce rôle devait être dévolu à une monnaie virtuelle ou réelle internationale dont l'émission échappe à l'emprise d'une seule autorité nationale.

La réponse a été naturellement trouvée dans le rapport de forces du moment : les Etats Unis rejettent le principe d'une monnaie supra-nationale (le BANCOR proposé par J. M. Keynes) de référence et imposent pour système monétaire international le système d'étalon change or (Gold Exchange Standard) avec bien évidemment le Dollar comme monnaie internationale. Le nouveau système a été fondé sur trois piliers :

- la suppression de tout contrôle de change ;
- la flexibilité des parités de change avec une fourchette de fluctuation limitée à + ou – 1% et ce, pour assurer le libre échange ; la flexibilité signifiait pratiquement un système de parités fixes, les USA détenant alors la quasi-totalité des réserves d'or ;
- la surveillance du système confiée à un nouvel organisme mondial : le FMI.

La valeur du Dollar était déterminée par rapport à l'or sur base de 35 $US l'once d'or ; comme le Dollar était aussi bon que l'or ($ as good as gold), les autres monnaies étaient définies par référence au Dollar. Le système supposait bien évidemment la convertibilité du Dollar pour tout détenteur non résident aux USA. La convertibilité ne posait, au début, pas problème : le besoin de reconstruction rapide de l'Europe induisait un besoin important d'équipements, qui ne pouvaient provenir que des Etats Unis. L'excédent des comptes courants des Etats Unis générait un tel besoin de Dollars de la part des différents pays dont l'économie devait être reconstruite que le recours à un plan d'aides massives s'imposait naturellement : c'est le Plan Marshall qui va permettre la reconstruction des économies européennes et la rapide montée en puissance de l'économie américaine. La guerre des deux Corées puis celle du Vietnam transforment la rareté de Dollars en abondance de cette monnaie internationale et provoquent le début des deux déficits jumeaux : en 1960, le stock des réserves en or des Etats Unis passe au-dessous du total des Dollars détenus par les non résidents.

La convertibilité du Dollar ne peut, donc, plus être assurée même au profit des non résidents. La France, qui vivait alors le droit exorbitant du Dollar comme une atteinte à sa souveraineté, ajoute sa volonté à celle de l'Angleterre pour l'échange de Dollars contre l'or.

Le président Nixon met fin, en août 1971, à la convertibilité du Dollar et modifie la parité de cette monnaie en or (de 35 USD, l'once d'or passe à 38 USD). La révocation de la convertibilité de la monnaie internationale, doublée de la baisse de sa parité, met « fin à la liquidité ultime » qui était constituée d'or monétaire pour les non résidents. Elle peut être analysée comme un acte de fait du prince qui appauvrit tous les détenteurs de cette monnaie : le pays émetteur de cette monnaie décidait de ne plus rembourser qu'une partie de sa dette. Cette dévaluation constitue une anticipation sur la perte de ce qui sera une perte de valeur qui affectera les dettes publiques sur les marchés et qui est subie par les investisseurs. Avec cette différence que les pertes sur dettes publiques ne portent pas sur tous les Dollars détenus par des non résidents et résultent d'arbitrages de la part d'investisseurs sur le marché, orientés par les politiques publiques du pays. De plus, elles sont compensées pas des rendements plus élevés pour les investisseurs.

La décision du prince n'a apporté quant à elle, aucune contrepartie. Elle a été une répudiation unilatérale de contrat tacite avec le reste du monde, lequel a dû s'en accommoder par temps de paix, même si les Etats Unis payaient déjà le prix des guerres de la même manière que la fin de la convertibilité de la Livre avait été liée aux difficultés de la guerre.

La conséquence en a été une forte appréciation du Yen japonais et du Deutsch Mark avec comme prolongement le rééquilibrage des échanges commerciaux surtout avec le Japon et l'Allemagne de l'Ouest, puissants exportateurs. Dès 1973, la stabilité des monnaies laisse place au régime de leur flottement : le contrechoc pétrolier, consécutif à l'embargo décidé par les pays arabes en octobre 1973, provoque une hausse telle des prix du pétrole que les grands pays développés ne disposent pas de suffisamment de liquidités pour payer leurs importations. A la décision unilatérale des pays arabes prise en réaction à la guerre du Kippour, répond la décision non moins unilatérale des puissances occidentales de comptabiliser l'or détenu par les banques centrales non plus à un prix fixe mais au prix du marché (l'once était alors à 42 USD). Cela équivaut à émettre de la monnaie plus abondamment et, donc, à payer les importations de pétrole avec de la « monnaie de singe ».

LE FMI SOUS TRAITANT DES ETATS UNIS

Le FMI se trouve alors confronté à une situation non conforme aux fondements des accords de Breton Wood : le flottement des monnaies lui retire dès 1973 la prérogative énoncée dans l'article premier des statuts de veiller à ce que les déséquilibres de balances de paiements soient aussi faibles que possible. La situation est consacrée par l'Accord de la Jamaïque de 1976 qui institue le flottement des monnaies. La voie est alors ouverte à la guerre des monnaies. Le flottement permet la résorption des déséquilibres des comptes courants par ajustement automatique des cours de change, ce qui ouvre le passage à d'autres niveaux d'équilibres.

La politique monétaire ne peut plus porter sur les taux de change. Le cours de change d'une monnaie – pour les principales d'entre elles dont la valeur n'est pas fixée par décision – n'est alors plus un paramètre de l'équation de l'export ; il devient une variable sur laquelle les gouvernements ne peuvent plus avoir aucune prise. Les mécanismes d'offre et de demande déterminent le cours de ces monnaies. La voie est ouverte au rôle des marchés, puis assez vite, à leur impérialisme sous le règne du fameux triptyque des « 3 D ». C'est un mouvement en forme de lame de fond qui va modeler le fonctionnement de l'économie de la planète ; les Etats Unis y jouent un rôle de tout premier plan : source des idées, ils ne laisseront au reste du monde comme seul choix que celui de les suivre dans une aventure qui va causer plusieurs crises successives.

Ils usent, pour cela, d'un dosage cosmétique entre le hard power et le soft power. Ils sont en situation d'imposer des déséquilibres structurels sans coup férir pour eux-mêmes parce qu'ils imposent le commerce en Dollars US. Il n'y a alors pas de risque de change pour les entreprises américaines. De nombreux pays ont même jusqu'à aujourd'hui un taux de change fixe par rapport au Dollar US. Les Etats Unis vont user et abuser de l'expansion monétaire à l'effet de combler des besoins insatiables pour leurs différentes catégories d'agents économiques.

E. LA THEORIE AU SERVICE DU PRINCE

La théorie néolibérale se met au service de la cause : J. M. Keynes a fait fausse route : la stimulation d'une économie en situation de sous emploi par des dépenses publiques est jugée inopérante ou dépassée. Il faut prôner et mettre en œuvre l'économie de l'offre.

L'ECONOMIE DE L'OFFRE

Il faut contester l'idée qu'un déséquilibre global puisse exister en économie de marché et de libre entreprise. La concurrence libre et parfaite réalise l'équilibre [naturel] entre l'offre et la demande. Cet équilibre procède de ce que le pouvoir d'achat créé par un produit va servir tôt ou tard à acheter ce produit. Il ne peut pas y avoir de crise de surproduction : l'ajustement se fait entre biens et services disponibles, et les signes monétaires qui sont le pouvoir d'achat.

Jean Baptiste Say a formulé la loi des débouchés qui est considérée comme fondement de l'économie de l'offre « *Plus les producteurs sont nombreux et les productions multiples, plus les débouchés sont faciles, variés et vastes* ». C'est la «main invisible» qui se charge de réguler le fonctionnement de l'économie ; et l'intervention de l'Etat, telle que l'a préconisée au lendemain de la grande crise J. M. Keynes est, au mieux, superfétatoire.

Mais alors, que peut faire l'Etat ? L'école libérale ne conçoit son intervention que pour prélever des impôts. Encore la légitimité de l'impôt n'autorise-t-elle pas la progressivité de l'impôt, laquelle est considérée comme désincitative. A la limite, pour l'école libérale, l'impôt serait une atteinte à la propriété privée, si ce n'étaient les services rendus gratuitement par l'Etat. La réduction du périmètre de ces derniers sera utilisée comme justification pour abaisser la pression fiscale.

Exit, par conséquent, l'économie de la demande (globale). Il faut se tourner vers l'économie de l'offre : pour cela, il faut se situer du côté des entreprises – acteur central de l'économie – et se placer donc du point de vue de la production. L'Etat ne doit pas brouiller les signaux par une fiscalité oppressive qui déforme prix et taux d'intérêt. La pression fiscale ne peut avoir que des effets négatifs sur l'activité des acteurs économiques qui créent la richesse.

L'école autrichienne apporte, par la voix de Friedrich Hayek, le fondement politique au libéralisme dans l'économie : le libéralisme économique doit signifier, avant tout, la primauté de la propriété individuelle et le règne absolu de la concurrence. Il ne peut se réaliser pleinement que s'il se fonde sur le libéralisme politique. Pour le réaliser, l'Etat ne doit exercer ses pouvoirs politiques qu'à seule fin de protéger les droits et libertés individuels.

Mais alors, l'Etat peut-il contribuer à la réalisation de la prospérité économique du pays et si oui, en quoi ? La modération fiscale doit trouver un complément dans la politique monétaire. L'école de Chicago construit la théorie monétariste qui fournit l'explication du phénomène de l'inflation, et suggère la politique monétaire qui est à même de soutenir la croissance.

Prix Nobel emblématique, Milton Friedman, dans le sillage de la théorie quantitative de la monnaie, écrit : « *L'inflation est toujours et partout un phénomène monétaire en ce sens qu'elle est et qu'elle ne peut être générée que par une expansion de la quantité de monnaie plus rapide que celle de la production* ».[8] Mais la quantité de monnaie n'est pas mise en parallèle avec la demande comme dans l'équation de Fischer ; elle est confrontée à la production des biens et services marchands. La meilleure politique monétaire est celle qui assure une augmentation de la masse monétaire en phase avec celle de production.

---

[8] M. Friedman « The Counter-Revolution in Monetary Theory »

La théorie exclut toute politique publique pour réduire le chômage car l'expansion monétaire qui finance le déficit induit une hausse des prix ; elle accorde **la priorité à la lutte contre l'inflation et à l'équilibre des finances publiques**. Elle impute aux augmentations de salaires et de prestations sociales des risques élevés d'inflation. La lutte contre celle-ci nécessite la diminution de la création de monnaie de façon à rendre plus cher l'argent. La priorité accordée à la lutte contre toute source potentielle d'inflation, superposée à la doctrine anti interventionniste, balise la voie à des transformations économiques majeures et accélérées qui vont déployer leurs effets au cours du dernier quart du siècle passé, depuis que les travaux de Milton Friedman ont été couronnés du prix Nobel. Mais, la théorie a-t-elle été suivie ?

La série des prix qui sont décernés aux défenseurs du monétarisme apporte à l'école néolibérale une sorte de consécration scientifique et donne l'onction théorique à des concepts et innovations qui vont accentuer l'apparence de la supériorité du libéralisme débridé sur toute autre forme d'organisation socioéconomique.

Le prix Nobel a été mis au service d'une cause. C'est vrai que des économistes non politiquement très corrects, tel Maurice Allais en 1988, ont été consacrés par cette récompense. Mais, le ton était donné et le champ ouvert à la nouvelle idéologie. Le cycle théorique n'est, cependant, pas encore inversé : la théorie néolibérale légitime les orientations comportementales économiques et financières ; les décideurs politiques prennent prétexte des marchés pour maintenir la suprématie de cette théorie. Ils en prennent aussi ombrage pour ne retenir que les éléments qui servent les intérêts des puissances financières qui les soutiennent pour accéder au pouvoir et y rester. Et la couverture qu'offre la nouvelle pensée économique autorisera des politiques à conduire le monde dans des déséquilibres abyssaux.

LA THEORIE A L'ŒUVRE DANS LE DOMAINE MONETAIRE

Cette théorie est à l'origine de la nouvelle gouvernance monétaire dans le monde développé :

- les banques centrales sont soustraites à la dépendance des gouvernements ; la politique monétaire est quelque chose de trop sérieux pour la laisser aux politiques aux visions courtes ;
- elles sont chargées, aux termes de leurs statuts de mettre, à partir des années 1980, ici et là, la monnaie au service de politiques monétaires qui sont sensées limiter l'inflation, maître mot qui se double paradoxalement, aux Etats Unis, officiellement de celui du développement de l'emploi. En cela, la théorie sera contournée, voire même dévoyée.

Pour être conformes aux préconisations des prix Nobel, les politiques monétaires abandonnent les instruments de contrôle direct du crédit – principalement par le biais de l'escompte afin de restreindre le refinancement – pour les instruments de contrôle dits indirects : les taux d'intérêt. Mais, aux Etats Unis, la portée de cet instrument sera limitée du fait que les entreprises se financent de plus en plus sur le marché, résultat de la désintermédiation, une des innovations majeures dans les mécanismes de financement et que le lien est ténu entre taux court et les taux des obligations et a fortiori les cours des actions. Ce sont surtout les petites et moyennes entreprises qui recourent aux concours des banques aux Etats Unis, avec les difficultés déjà soulignées.

Ce contrôle du crédit par les taux d'intérêt est-il plus opérant que le contrôle par la quantité de monnaie apportée par la banque centrale qui était en vigueur dans l'ancien système et qui devait constituer un contrôle de qualité par opposition au contrôle de quantité. Bien sûr, en théorie, cela devait impliquer que seuls les agents économiques capables de faire bon usage de la ressource pouvaient supporter le coût de cette ressource. La banque centrale ne doit pas conserver le contrôle de l'allocation des ressources comme cela était le cas du temps du refinancement par l'escompte. Dans un monde basé sur la responsabilité (qui s'avèrera être celui de la non responsabilité), il faut élargir le champ d'autonomie. Encore faut-il que le taux d'intérêt soit réellement un instrument de contrainte dans les arbitrages par les coûts. Est-ce le cas quand les taux sont au niveau de zéro? Nous verrons que les avatars du néolibéralisme auront procédé autant du caractère imparfait de la pondération des éléments dans la théorie elle-même que de la déviation de la pratique par rapport aux idées.

La théorie néolibérale ne servira pas seulement de référence aux politiques nationales dans les grands pays occidentaux dans la foulée des USA. La prépondérance numérique mais aussi politique des voix dont ces pays disposent au FMI et à la BIRD s'est traduite par la mise sous tutelle des politiques économiques de nombreux pays comme prix à payer pour les écarts par rapport aux dogmes en vigueur. Ces deux institutions ont fait leur mea culpa et récemment, des voix ont même fait état des libertés prises par les USA en la matière.

La pratique bat en brèche la théorie, laquelle s'oppose à la stimulation de la demande par des interventions de l'Etat comme préconisé par Keynes ; elle fait de la modération des prix la base de toute évolution saine de l'économie, et ancre cette modération sur la maîtrise de l'expansion monétaire par la voie privilégiée de taux d'intérêt. Et, cette expansion ne se justifie que si elle doit accompagner celle de la production. La réalité a-t-elle respecté les préceptes du néomonétarisme ? Et ceux du protestantisme ? L'examen des performances de l'économie américaine et des voies et moyens empruntés nous permettra d'esquisser des éléments de réponse.

F. PERFORMANCES CONTEMPORAINES DE L'ECONOMIE US

Les chiffres utilisés sont extraits des sites de l'OCDE, de la FED et du gouvernement américain www.bea.gov/industry. 1970-2009. Avant 1970, la croissance a été explosive durant toute la durée de la Deuxième guerre mondiale : après 8,1% en 1939 et 8,8% en 1940, elle a dépassé 17 % en 1941 et même 18 % en 1942 ; 16 % en 1943 ; elle revient à 8 % en 1944. Le PIB a été multiplié par 2,1 de 1938 à 1944.
Les chiffres de l'OCDE pour la croissance moyenne composée des économies du groupe pour la période 1970 à 2009 ont été croisés avec le PIB nominal du même site pour calculer l'inflateur moyen composé du PIB, c'est-à-dire le degré d'appropriation des richesses créées. Pour les Etats Unis, nous obtenons le tableau suivant :

Tableau U1 : Croissance réelle et inflateurs globaux en %

	1970-2009	**1970-1980**	**1980-1985**	**1985-1990**	**1990-1995**	**1995-2000**	**2000-2009**
PIB (en %)	2,9	3,2	3,2	3,2	2,5	4,3	1,6
Inflateur (%)	3,93	7,02	5,25	3,27	2,48	1,73	2,33

LES AGREGATS MACROECONOMIQUES

Sur le long terme (39 ans), le taux de 2,9 % place les Etats Unis dans le peloton de tête derrière la Corée du Sud. Il a été réalisé moyennant une inflation annuelle moyenne composée de 3,9 %. La croissance réelle de 3,2 % de 1970 à 1990 en moyenne a été réalisée avec des taux d'inflation des prix à la production qui n'ont cessé de baisser jusqu'en 2000. Les prix de l'énergie ont alimenté l'inflation de prix de production et de consommation au lendemain de 1974 et entre 1979 et 1981, durant le second choc pétrolier. La forte baisse des prix du brut depuis 1986 contribue au retour des inflateurs faibles jusqu'en 2000. C'est l'arrivée de la nouvelle économie qui explique la performance exceptionnelle au double plan de la croissance et de la modération de l'inflation. La courbe s'infléchit à partir de 2002 avec l'éclatement de la bulle des nouvelles technologies. C'est déjà la première manifestation des excès de l'économie spéculative provoqués par le nouveau paradigme.

Mais alors peut-on considérer le taux de 2,9 % comme étant le taux tendanciel de croissance économique américaine et surtout peut-on en inférer que tel est le potentiel de cette économie ? Pour pouvoir fonder une esquisse de réponse, il nous faut descendre dans les composantes de la croissance : par période, la contribution de chaque secteur, les effectifs, la productivité du travail, les salaires, la répartition de la valeur ajoutée. La croissance globale susvisée est le résultat des croissances suivantes des différents secteurs :

Tableau U2 : Taux de croissance en % moyen par secteur (1970-2009)

	Agricul	Mines	Constr	Manufac	Biens durables	Biens ND	Finan assura
VA %	0,28	3,2	2,48	1,013	0,756	1,352	4,723

Deux périodes sont retenues : 1947-95 et 1995-08.

Tableau U3A : Croissance sectorielle par période en % moyen (1947-95)

	1947-1970	**1970-1980**	**1980-1985**	**1985-1990**	**1990-1995**
Agriculture, etc.	1.838	2.265	7.715	1.504	-0.174
Construction	3.411	-0.014	0.186	2.251	0.800
Biens Durables	3.819	2.887	3.361	3.396	3.625
Biens ND	3.771	3.302	3.560	1.818	2.767
Total Manufactures	3,791	3,058	3,447	2,764	3,270
Finance & Assur	4.213	4.815	1.882	3.697	1.752
Private industries	3.866	3.434	3.276	3.349	2.735
PIB	3.887	3.179	3.243	3.242	2.509

Tableau U3B : Croissance sectorielle par période en % moyen (95-08)

	1995-2000	**2000-2005**	**2005-2008**
Agriculture, etc.	6,50	4,15	1,34
Construction	3,93	,6	-3,37
Biens durables	8,63	3,26	3,69
Biens ND	0,47	1,23	-0,80
Manufacture	5,19	2,34	1,66
Finance & Assur	6,67	4,11	2,78
Private industries	4,82	2,47	1,68
PIB	4,303	2,398	1,746

Les taux de croissance annuels réels moyens composés par secteur et par période sont calculés à partir de l'indice des quantités donné par les statistiques OCDE sur la base 2005. Ils montrent que : le taux de croissance de l'agriculture (pêche et forêts comprises) a été très volatile avec une pointe approchant 8 % (1980-85) et une décroissance 10 années après. La branche décline sur le long terme comme nous le verrons. Plus irrégulier a été le secteur construction qui enregistre une forte baisse de rythme : en dépit de l'explosion du logement, l'indice quantité est baissier depuis 2000. Le secteur manufacturier connait globalement une croissance quasi régulière soutenue avec un taux dépassant 5 % à la fin du siècle. Mais depuis lors, le secteur chute, la branche des biens non durables s'étant très fortement affaiblie. La branche Finance et assurances a performé de 1947 à 1980. Elle ralentit le rythme au début des années 1980 et au début des années 1990 ; elle explose ensuite jusqu'au milieu des années 2000.

Les performances ci-avant ont été réalisées moyennant des taux d'augmentation des prix des richesses créées. Le produit intérieur brut a connu deux phases d'expansion intense par les coûts : ce sont les phases des deux chocs pétroliers (7 % et 5,23 %). C'est dire que l'économie est sensible aux chocs extérieurs. L'inflateur du PIB a oscillé entre 2,48 % et 1,73 % durant les deux dernières décennies, au même niveau sensiblement que le taux enregistré entre 1947 et 1970. Cela signifie que, même hors les périodes de chocs extérieurs, les augmentations de coûts de la production n'ont été atténuées sensiblement que durant la période d'explosion des IT. Ces augmentations altèrent, à taux de change effectif donné, la compétitivité des produits US. (Cf. Tableaux U4A et U4B).

L'indice des prix à la consommation est paradoxalement supérieur à l'inflateur du PIB ; le résultat du recours massif à des produits et des services importés de pays asiatiques aurait du avoir un effet modérateur sur les prix. L'économie néolibérale n'a pas eu la vertu de la modération des prix. De 1995 à 2005, l'inflation est restée en moyenne au niveau de 2,5% par an. Le renchérissement de l'offre domestique a donc atténué l'effet de la désinflation importée.

Par période et branche, les chiffres se présentent comme suit :

Tableau U4A : Inflation des VA sectorielles en % moyen (1947-1995)

	1947-70	1970-80	1980-85	1985-90	1990-95
Agriculture	-0,51	6,19	-3,19	2,99	-0,76
Construction	3,86	10,28	5,92	4,25	3,03
Durables	3,40	6,15	2,77	1,10	-0,58
N D	1,10	10,28	2,32	5,06	1,47
Manufactures		5,78	2,58	2,38	0,74
Fin & Assur	2,34	6,92	4,43	2,17	5,31
Private industries	2,39	6,90	5,17	3,11	2,35
PIB	2,52	7,0	5,23	3,22	2,46

Tableau U4B : Inflation des VA sectorielles en % moyen (1995-2008)

	1995-2000	2000-2005	2005-2008
Agriculture	-0,76	1,65	7,26
Construction	3,03	6,99	5,03
Durables	-0,58	-2,29	-1,91
N D	1,47	2,41	0,45
Manufactures	0,74	-0,27	3,55
Fin & Assur	5,31	1,99	2,43
Private industries	2,35	2,3	2,71
PIB	2,46	2,44	2,75

Comme le montrent les deux tableaux ci-dessus, ce sont les industries de biens non durables et surtout la construction qui ont particulièrement connu l'inflation à la production avec les chocs extérieurs. La production agricole a subi de fortes poussées des prix à la faveur du premier choc pétrolier et dans les dernières années. Le pétrole y est-il pour quelque chose ?

En contexte d'inflation élevée pour les autres secteurs durant le deuxième choc pétrolier, la forte baisse des coûts de l'agriculture (-3,2 % par an en moyenne entre 1980 et 1985) accompagne une croissance de près de 8 % par an. Les augmentations de prix de la construction sont toujours fortes.

Le secteur manufacturier est très peu inflationniste de 1980 à 2000. Au début des années 2000, son inflateur a même été négatif. C'est la branche des biens durables qui contribue le plus à la modicité de l'inflateur et à la croissance sur le long terme.

De 1970 jusqu'en 2000, la branche finances et assurance a connu une inflation élevée. A priori, cela est paradoxal puisqu'elle a tiré avantage des techniques informatiques. C'est la période au cours de laquelle elle a réalisé des taux de croissance plutôt médiocres. Il faut attendre 1995 pour voir l'équation croissance-inflation évoluer favorablement pour cette branche avec l'impact des TIC. Bien qu'alors en forte diminution, la croissance du PIB au cours de la période 1990-95 place le pays en bonne position parmi les grandes nations industrialisées. A la fin des années 1990 la croissance explose en liaison avec l'essor des TIC. Mais, l'avance prise dans ce domaine a été de courte durée : tant les biens matériels (hard) que les services ont été apprivoisés rapidement par d'autres pays. Et la bulle technologique explose.

Tableau U5 : Répartition sectorielle de la Valeur ajoutée (en % du PIB)

	1947	**1970**	**1980**	**1987**	**2000**	**2009**
PIB	100	100	100	100	100	100
Ind privées	87,5	84,8	86,3	86,1	87,8	86,4
Agriculture	8,2	2,6	2,2	1,7	0,96	0,96
Mines	2,4	1,5	3,3	1,5	1,1	1,6
Constructions	3,6	4,8	4,7	4,4	4,6	4,1
Manufactures	25,6	22,7	20	17,4	14,2	11,0
Biens durables	13,1	13,5	12,2	10,4	8,4	5,9
Biens N D	12,5	9,2	7,9	7,0	5,8	5,1
Com de gros	6,4	6,5	6,7	6,0	6,2	5,9
Com détail	9,5	8,0	7,1	7,3	6,9	2,8
Transport	5,8	3,9	3,7	3,2		
Fin & Assur	2,4	4,2	4,9	6,0	7,66	8,4
REARL (*)	8,1	10,5	11,1	12,0		
Gouvernement	12,5	15,2	13,7	13,9	12,2	13,6

(*) Real Estate and Rental and Leasing

L'évolution accélère la reconfiguration de la répartition du PIB : la contribution au PIB des manufactures chute de façon abrupte. La création des richesses dérive lentement de la production des biens vers celle des services (BTP compris).

Le tableau précédent révèle une baisse tendancielle de la part des industries manufacturières :

- la part du secteur des mines dans les richesses créées obéit à la conjoncture : élevée en 1980, elle reflue jusqu'en 2000 ; elle reprend de nouveau au cours des années 2000 ;
- celle des richesses créées dans le secteur primaire dans le total est divisée par 9 ;
- la baisse qui affecte le secteur secondaire est une perte de substance, qui se double de la modération de l'inflateur de la branche de 1980 à 2005. Les industries manufacturières déclinent de 25,6 % du total à 11 % ; elles sont déclassées dans leur ensemble et reléguées au rang d'activités de plus en plus marginalisées. La part des biens durables, élevée en 1947 pour les besoins de reconstruction de l'Europe, rejoint dès le début des années 1980, les biens non durables dans leur déclin. Les biens de consommation courante accélèrent leur chute à partir de 1980, après avoir déjà perdu près de 40 % de sa part dans le total ;
- le secteur de la distribution perd près de 50 % depuis 1947 : c'est principalement le domaine du détail qui décline en relation avec la recomposition des acteurs mais surtout avec le commerce on line qui exacerbe la concurrence ;
- la part des transports est grignotée lentement du fait de la modernisation des moyens et de l'optimisation des modes de transport qui permettent des économies importantes ;
- le secteur finance et assurances gagne 6 % dans le PIB ; il envahit les valeurs ajoutées, les effectifs, les rémunérations mais surtout les profits lesquels s'élèvent à 40 % du total en 2002 et 2003 pour respectivement 8 % et 10 % pour les activités manufacturières ; mais la valeur ajoutée du secteur constitue-t-elle de véritables richesses

créées ? Ne s'agit-il pas plutôt d'un effet d'optique qui dissimule une ponction indue sur l'économie réelle dans le même temps où il la déstructure ?

Les effectifs

En valeurs absolues (en millions)

Les tableaux en page suivante donnent l'évolution des effectifs dans le temps pour les trois activités économiques.

Tableau 6U1 / Effectifs salariés en millions

	Manufactures	Constructions	Fin et assur
1948	14,7	2,3	1,2
1970	18,4	3,7	2,9
1980	19,2	4,5	4,0
1990	17,6	4,9	5,2
2000	17,3	6,9	5,8
2008	13,4	7,4	6,0

Tableau 6U2 : Effectifs salariés (en % du total des activités privées)

	Manufactures	Constructions	Fin et assur
1948	28,72	4,54	2,39
1970	23,04	4,65	3,60
1980	19,53	4,60	4,11
1990	14,92	4,57	4,42
1997	13,34	4,60	4,16
2000	15,09	6,01	5,02
2008	11,34	6,28	5,09

Ils révèlent que les activités privées ont créé 67 millions d'emplois au total entre 1948 et 2008 pour dépasser 118 millions. L'effectif est multiplié par 3 dans la construction et par 5 en Finances et assurances. Le secteur manufacturier ne perd que 1,3 millions de travailleurs par rapport 1948, mais 3,9 millions par rapport à 2000. Il a perdu, c'est important de le souligner, plus de 3 millions entre 2000 et 2005, dont 1,9 millions dans les biens durables. L'agriculture a, quant à elle, perdu 1,2 millions de personnes, soit la moitié de son effectif de 1948.

L'effectif relatif de la branche de la construction est demeuré très stable jusqu'à la fin des années 1980. Il augmente au cours de la dernière décennie, alors que la croissance en volume de la branche est négative. Faut-il comprendre que les effectifs sont absorbés par l'inefficacité de cette branche dont on a vu l'hypertrophie ? Le déclin des effectifs des industries manufacturières est en très nette corrélation avec leur part relative dans la valeur ajoutée. Avec près de 29 % des effectifs, le secteur entrait en 1948 pour 25,6 % de la valeur ajoutée ; les chiffres sont respectivement de 11,34% et 11% en 2008. La valeur ajoutée par travailleur a donc évolué davantage dans ce secteur que dans le total.

Les activités des services ont créé beaucoup d'emplois et peuvent sans aucun doute en créer encore : une partie de toutes les activités est aujourd'hui tertiarisée. Mais, les ouvriers des manufactures sont-ils recyclables dans le secteur tertiaire ? La chute de l'emploi industriel a été brutale dans les activités à fort contenu de main d'œuvre. Il s'agit là d'une tendance aussi rapide que lourde que ne peut expliquer la seule modernisation des activités concernées. Et cette tendance est-elle réversible ? Un début de réponse peut être apporté par l'indicateur de la productivité.

La productivité du travail

La valeur ajoutée en USD courants rapportée aux effectifs employés elle a évolué comme le montre le tableau.

Tableau 7U : Productivité du travail (VA courante/effectifs) en USD

	1948	1959	1970	1980	2000	2008
Agriculture	9144	8922	18515	36942	71818	127096
Construction	4767	7521	13355	29031	67883	85941
Ind durables	4501	8626	12916	28669	77116	108711
Ind BND	5053	8057	12678	29650	89988	150971
Fin & Ass	5475	9233	15330	34014	132386	198966

En valeur courante, la productivité a augmenté diversement pour les différentes activités. Celle de l'agriculture tire avantage de la modernisation et de l'augmentation des prix. La mécanisation, déjà avancée en 1948, a déroulé ses effets surtout depuis 1980. Les avancées considérables dans l'automatisation des procédés de production expliquent la très forte hausse de la productivité dans l'industrie des biens non durables et à un degré un peu moindre dans les biens durables. Sans surprise, Finances et assurances portent l'empreinte de la révolution les trente dernières années. Mais la productivité, ici mesurée à prix courants des VA, peut dissimiler des explications qu'il convient de rechercher. Elle est, en effet, déformée par l'inflateur de chaque branche.

Les indices de l'année 2008/1948 de productivité déflatés donnent les chiffres suivants :

- 1,64 pour la construction et 1,75 pour l'agriculture ;
- 2,14 pour les biens durables, 3,03 pour les biens ND ;
- 3,30 pour les finances et assurances.

La productivité à prix constants confirme celle à prix coutants pour la construction et l'agriculture ; l'évolution y est faible, ce qui n'est pas surprenant. Comme ne l'est pas le différentiel entre les deux branches manufacturières. Sauf que dans les biens non durables, le gain de productivité n'est pas continu comme pour les biens non durables. Les améliorations des techniques de production sont plus rapides dans les biens non durables. C'est le secteur Finance et assurances qui doit retenir l'attention. Ce sont les deux domaines dans lesquels les innovations se sont données libre cours.

Il est normal que la productivité en termes nominaux aussi bien que réels y enregistre les gains les plus forts, d'autant que : i) la mesure de la productivité fait intervenir, pour les banques comme déjà dit, des normes comptables rénovées et que ii) les richesses comptabilisées comme créées sur la base de la Fair value (au prix du marché) sont surestimées en conjoncture haute et donnent lieu dans un deuxième temps à des corrections des actifs à la baisse. Mais, il y a aussi l'impact de l'évolution des métiers. Le revenu des banques procède, depuis le dernier quart du XXème siècle, aux Etats Unis, davantage de commissions que des intérêts.

Les métiers de la banque ont changé de contenu : la part relative des activités d'intermédiation de crédit des banques a baissé de 52% à 41% entre 1977 et 2008. C'est là l'une des explications de la vertigineuse augmentation de la productivité des deux branches. Le produit net bancaire se compose : i) de la marge d'intérêt, ii) des commissions, iii) des opérations de négoce. La marge d'intérêt a été dopée par le très faible niveau des intérêts débiteurs, dont le refinancement par les banques centrales. Elle l'est aussi par les niveaux très élevés des intérêts créditeurs : qu'il s'agisse des prêts hypothécaires ou à la consommation ou des crédits aux entreprises, qui n'ont pas accès au financement par le marché, les banques font payer des taux d'intérêts bien supérieurs aux coûts des ressources. De sorte que la baisse de la part relative de l'intermédiation aurait été bien supérieure sans cette rémunération exorbitante.

Prêts hypothécaires et prêts à la consommation sont titrisés depuis une quinzaine d'années ; la ressource récupérée est utilisée par les banques dans les activités d'investissement, ce qui dope la marge sur le papier pour la banque. Les services à la clientèle (rémunérés par des commissions) : « Fonds, trusts et autres véhicules financiers » et « actions, contrats de commodities et investissements » ont vu leurs parts relatives dans le total « Finance et assurance » exploser. Ce sont des opérations de négoce. «Investment Banking» pour les banques et CDS pour les assurances ont alimenté les profits du secteur Finances et assurance jusqu'au déclenchement de la crise.

D'où l'explosion de la productivité dans le secteur Finance et assurance. Les assurances de personnes, assurances vie, sont aussi une source importante de revenus aux Etats Unis : voie obligée et privilégiée de couverture pour les vieux jours et ce, dans les Fonds de pension comme on l'a mentionné, ce métier reste inchangé (39,7% en 1977 et 38,4 % en 2008) dans « Finance et assurance ».

Les « Professionnal and business services » (équivalent de services aux entreprises en France) représentent une part de plus en plus importante dans l'économie : leur valeur ajoutée représente près de 1,5 fois celle de Finance et assurance. C'est la complexification des situations mais aussi l'irruption des nouvelles technologies qui nécessitent, dans un pays innovateur et au droit pointu, des services toujours plus experts dans les affaires ; une telle polarisation des richesses dans ce domaine est aussi liée à la dérive de l'économie dans son ensemble vers la sphère de l'immatériel.

G. LES EQUILIBRES EXTERIEURS FRAGILISES

Le commerce extérieur

La balance du commerce extérieur montre une ouverture croissante du pays aux échanges extérieurs.

Tableau U8 : Degré d'ouverture de l'économie en % du PIB

	1960	**1970**	**1980**	**1987**	**2008**
(Exp+Imp)/PIB	9,19	10,69	20,20	25,22	31,09

C'est un trend ascendant sur le long terme. Pour une économie de la taille de celle des Etats Unis, cela signifie-t-il une force ou une faiblesse ? Le sens du commerce et sa répartition entre biens et services sont édifiants.

Tableau U9 : Solde global des échanges en % du PIB

	1960	**1971**	**1984**	**1986**	**2002**	**2006**
(Exp-Imp)/PIB	0,67	-0,12	-2,77	-3,11	-4,09	-6,02

Les dates sont choisies parmi les plus significatives. Le virage de 1970-71 correspond à une inflexion de la balance extérieure : à partir de là, c'est la dérive vers des déficits de plus en plus lourds pour être, durant la décennie 2000, au-dessus de 5% en négatif presqu'en permanence. Le pays n'a alors plus la maîtrise de ses rapports commerciaux avec le reste du monde. L'explication peut être trouvée dans le degré de flexibilité des échanges portant sur les biens et des échanges portant sur les services.

Soldes des échanges de biens et des échanges de services :

Tableau U10 : Solde par catégorie en % du PIB

	1960	1969	1971	1973	1977	1984	1987	1994	2000	2006
Biens	0.9	0.06	0.2	0.1	-1.5	-2.9	-3.4	-2.5	-4.8	-6.6
Service	-0.3	-0.1	0.1	0.1	0.2	0.1	0.2	1.1	0.7	0.6

Le pays était au départ pourvoyeur du reste du monde plutôt en marchandises. C'est au cours des années 1970 que cette spécificité des Etats Unis cède la place à celle d'importateur net avec des soldes qui augmentent de façon continue. La chine n'est pas encore là. La situation s'inverse alors pour les services en sens contraire que pour les biens. Le pays vend désormais plus de services au reste du monde qu'il ne lui en achète. On a, là, l'explication de la bataille menée par les Etats Unis pour transformer le GATT en OMC à l'effet d'y inclure les services. Le pays compte sur sa machine à produire des services. On a là aussi l'explication des récriminations des Etats Unis à l'égard du Japon au milieu des années 1990 et celles visant actuellement la Chine.

Le moment choisi par le président Nixon pour dénoncer, en 1971, la convertibilité du Dollar US en or au profit des non résidents correspond à la fin des excédents de la balance courante : c'est la première année où l'Amérique enregistre un déficit de leur balance, déficit qui dépasse 5% de 2004 à 2007. C'est le début du recours ininterrompu et croissant par l'Amérique à l'épargne du reste du monde.

Mais, à quoi est due cette dérive des déficits du commerce de biens et de services ? Une lecture des indices des exports et des imports apporte des éclairages ; les indices pour 2009 sont:

- sur base 100 en 1960, de 5438 pour les biens à l'export et 10675 pour les biens à l'import ; le rythme d'augmentation des importations a été près de 2 fois supérieur à celui des exportations ;
- sur la même base, de 7986 respectivement 4825 pour les services ;
- sur base 100 en 1980, de 8194 pour les biens à l'export et 10991 pour les biens à l'import ;
- sur la même base, de 14813 respectivement 13128 pour les services ;
- sur base 100 en 2000, de 136 pour les biens à l'export et 128 à l'import ; les importations croissent moins vite ;
- sur la même base, de 175 respectivement 169 pour les services ; là aussi, les importations croissent moins vite.

Le différentiel entre les augmentations d'exportations et celles des importations s'est atténué au fil du temps et il s'est même inversé sur base 2000 y compris pour les biens. Il n'empêche : le déficit de la balance commerciale dépasse 759 milliards d'USD en 2006 et totalise 5600 milliards de 2000 à 2009. L'excédent du compte de revenus extérieurs est compensé par le déficit des transferts dits unilatéraux. Le tout aboutit à un déficit de la balance des paiements qui atteint 802 milliards de Dollars en 2006. Les Etats-Unis ont un total net d'IDE à l'extérieur de 1000 milliards d'US à fin 2007. Ils ont investi à l'étranger 360 milliards d'USD de plus que les IDE reçus pour la seule période 2001 à 2008. Les 1771 milliards d'USD d'IDE fais à l'étranger reflètent les délocalisations d'activités en 8 ans sous la pression des exigences de profitabilité élevée de la part des actionnaires. Les revenus nets d'IDE ont dépassé 287 milliards d'USD en 2008, soit 2 % du PIB.

Situation nette vis-à-vis du reste du monde

Les dates sont choisies pour prendre la mesure de la détérioration.

Tableau 11 : Situation nette / reste du monde (en milliards de USD)

	1960	1964	1969	1971	1974
Actifs USA	-4,1	-9,6	-11,6	-12,5	-34,7
Actifs RDM	2,3	3,6	12,7	23,7	35,2

Les chiffres négatifs pour les actifs USA signifient que le passif total des Etats Unis s'élève à la somme des valeurs absolues des deux lignes. Entre 1960 et 2009, l'épargne nette négative cumulée atteint 7565 milliards d'USD, dont 5700 générés de 2000 à 2009. En 49 ans, une dette de plus de 7500 milliards d'USD a, donc, été contractée avec un maximum de 800 milliards en 2006.

L'accumulation de la dette résulte des soldes négatifs d'échanges extérieurs ; ces soldes ont été lestés en plus par deux postes liés à la défense et aux guerres menées par le pays :

- Les dépenses directes de défense entrent pour un total sur la période 1960-2009 de 586 milliards de USD ;
- Et les transferts unilatéraux courants pour un total de 1582 milliards d'USD.

La somme de ces deux montants équivaut à près de 30 % de la dette accumulée depuis 1960. Mais est-ce que ce sont là les seules dépenses engagées à l'extérieur en matière de défense ? L'accumulation des déficits des balances extérieures est telle que le pays a mobilisé l'épargne internationale au moyen de bons du trésor pour plus de 2600 milliards d'USD entre 2000 et 2009. Réserves de devises et or de la banque centrale ont fondu. L'or ne figure plus dans le bilan de la Federal Reserve Bank que pour 11 milliards de Dollars US. En contrepartie de quoi la FED émet-elle la monnaie ? Quelle est la qualité des actifs détenus par cette banque en couverture de la monnaie émise, et qui sont l'assise des engagements de remboursement du Dollar US ?

Fragilisation rampante de la monnaie

Les bons du trésor US entrent pour 790 milliards en juillet 2007 et 1638 en juillet 2011. Les Mortgage-backed-securities apparaissent dans le bilan en 2009 ; ils s'élèvent à 1092 milliards le 22-09-10 et à 897 milliards en juillet 2011. Entre juillet 2009 et juillet 2011, la masse monétaire M2 a augmenté de 705 milliards à 9127 milliards, soit un ratio de liquidité de 63 % (du PIB de 2009).

Déjà avant le début de la crise, les bons du trésor constituaient la quasi-totalité des actifs de la FED. Situation anormale que le FMI reprochait aux autres pays en difficulté financière. Cela signifie-t-il que ces bons ne trouvaient pas preneurs sur les marchés ou que les rendements auraient été plus élevés ? Les Etats devaient recourir aux marchés pour couvrir leurs besoins en ressources, en hausse, afin de permettre la démonétisation la dette souveraine. Les Etats Unis qui ont « aspiré plus de deux Dollars sur trois » épargnés par le reste du monde en 2004-2005, éprouvaient des difficultés à couvrir les besoins du trésor. Et la situation a empiré avec la crise. C'est qu'aux Etats-Unis, les autres agents économiques ne sont pas en situation de financer le trésor ; ils sont eux-mêmes endettés.

Aux bons du trésor sont venus s'ajouter massivement des rubriques qui représentent des produits de marché à fort contenu de risques. C'est ce qui a fait dire à Jacques Attali que la FED était devenue un grand Hedge Fund. Pour reprendre une présentation consacrée, au 22-09-10, les « crédits à l'économie » s'élevaient à 1236,8 milliards et les crédits à l'Etat à 1001,8 milliards. Seul le surplus, soit 4,72 % des actifs, constitue, au sens des canons classiques rigoureux, des actifs sur les non résidents, et donc des engagements de remboursement adossés à des contreparties crédibles de la FED.

Sans préjudice de la puissance de l'économie du pays, les crédits accordés à celle-ci sont, de plus, frappés du sceau de l'ignominie de la spéculation ; ils sont quasiment invendables parce que sans valeur en basse conjoncture. La FED ne peut que les conserver en attendant des jours meilleurs. Les actifs augmentent avec une forte redistribution entre économie et Etat selon les circonstances. Le poste le plus important, «Mortgage backed Securities», est couvert par les garanties des deux agences semi-publiques Fannie Mae et Freddie Mac. Le Secrétariat au Trésor a annoncé le 16-12-09, le jour où la FED a fait connaître sa décision d'acheter à hauteur de 1250 milliards de USD des dettes garanties par Fannie et Freddie, la couverture illimitée par le trésor, des pertes de ces deux agences, chargées par l'Etat, du refinancement hypothécaire.

La signature du trésor est, bien sûr, plus rassurante que le patrimoine de deux Agences de refinancement hypothécaire, même si celles-ci sont gouvernementales. La brûlante actualité des dettes souveraines a mis fin au tabou : la dette souveraine peut elle aussi faire l'objet de défaillance de la part de l'Etat concerné même si les agences continuaient à affubler la dette de certains Etats de la palme AAA. La situation a évolué et le rating aussi pour les USA.

Mais alors, comment considérer les garanties données par l'Etat au regard de la FED ? Au Canada, les garanties de l'Etat sont vues comme des dettes de ce dernier. La subtilité consiste, aux USA, à considérer les dettes en question comme des créances sur l'Etat et non des crédits à l'économie. Mais, ceci donne-t-il une meilleure consistance au bilan de la FED ? Bien évidemment, les marchés apprécient, en conséquence, les dettes de l'Etat pour en arrêter les cours, et la qualité du bilan de la FED pour le Dollar US. Mais, quel sens peut avoir la dégradation des notes des deux agences ?

La FED fait appel à une profusion d'instruments et de mécanismes pour abriter des actifs lui permettant de justifier l'émission de plus de monnaie. La monnaie fiduciaire représente moins de 50 % du total de son passif. Ses dettes à l'égard des banques centrales des Etats fédérés entrent pour le reste. Il s'agit de dettes souscrites par la FED pour permettre à ces banques de financer les Etats fédérés. C'est dire que les mêmes agrégats se retrouvent à la fois à l'actif et au passif du système fédéral des instituts d'émission US !

La FED a recours, depuis 2009, à des accords swaps temporaires passés avec la BCE, la Bank of Japan, la Bank of England, la Banque du Canada et la Banque nationale suisse, pour permettre à ces partenaires de « se procurer des liquidités en Dollars US en cas de besoin ». S'il est certain que ces banques centrales peuvent en effet, avoir besoin de Dollars pour dénouer des positions ou prêter aux entreprises pour leurs commandes en Dollars, en réalité de tels accords, prolongés à août 2011, permettent aussi à la FED de disposer de facilités dans d'autres monnaies.

La loi de 1913 qui a créé la FED met à sa charge de "promouvoir avec efficacité les objectifs de plein emploi, de la stabilité des prix et de taux d'intérêts à long terme modérés". Aussi, la FED se contente-t-elle, à la différence d'autres banques centrales, même d'une inflation supérieure à 3%. Elle dispose, à cet égard, en outre, d'une flexibilité quant aux indicateurs et aux voies et moyens pour les atteindre, contrairement à la BCE et à la BNS. Il est important de souligner que les objectifs qui constituent le fondement de la politique monétaire visent d'abord le plein emploi. Mais alors, il n'en apparait que plus clairement que, malgré cette priorité, et la masse des liquidités apportées par la FED, le taux de chômage ne recule pas aux Etats Unis.

En plus de la qualité médiocre des contreparties du Dollar US, la FED maintient ses taux à des niveaux historiquement bas : Le taux directeur est maintenu entre 0 % et 0,25 % depuis fin 2008 et le restera jusqu'en 2013 ;

L'impécuniosité programmée de l'Etat fédéral

La FED continuera à financer le trésor et pourrait être amenée à le faire encore davantage, si la Chine venait à détourner ses ressources vers d'autres actifs. Les finances de l'Etat fédéral ont été fragilisées par le faible niveau de la pression fiscale, laquelle a diminué de 34,4 % en 2001 à 31,3 % en 2003.

Malgré les inquiétudes qu'inspirait l'affaiblissement de l'économie fin 2000, du fait de l'éclatement de la bulle technologique, après une décennie entière de croissance et quatre années d'excédents budgétaires, malgré le lourd fardeau social que représentaient les perspectives en matière de retraite, et surtout contrairement à la loi relative à l'équilibre budgétaire en vigueur depuis deux mandats, le président Bush obtint, à son arrivée, sans difficultés du Congrès, une réduction d'impôts de 1350 milliards sur 10 ans.

Le budget 2002 portera les stigmates de cette réduction et l'erreur faite dans les prévisions. Le déficit atteint 4% du PIB. La voie est tracée pour l'appauvrissement de l'Etat. La part des impôts sur les revenus et les profits chute de 14,1% du PIB en 2001 à 11,7% en 2002. Le taux restera entre 11 % et 12% jusqu'en 2005. Cela ne semble pas avoir eu d'incitation en faveur des investissements locaux : les IDE à l'étranger ont augmenté plus que jamais au cours des années 2000. Les IDE reçus ne sont que la moitié des IDE faits à l'étranger entre 2002 et 2004.

Les investissements n'augmentent pas ; mais les déficits du budget explosent :

Tableau U12 : Finances publiques (en milliards de Dollars US)

	2005	2006	2007	2008	2009
Recettes	2290	2525	2655	2503	2206
Dépenses Fonction	2573	2728	2900	3119	3458
Epargne budg nette	-283	-204	-245	-612	-1252
Budget Equipement	270	158	217	656	1169
Solde final	-411	-251	-344	-1356	-1582

Les baisses d'impôts couplées à une croissance moyenne ont réduit les recettes, devenues inférieures aux dépenses de fonctionnement. L'Etat se condamne, dès lors, à avoir un faible niveau de dépenses d'équipement. Celles-ci ont baissé en 2006, année de croissance et ont augmenté en 2008 et en 2009, efforts de relance par le budget et soutien aux banques obligent.

Dans la détérioration de l'épargne budgétaire nette, entre le solde négatif du budget social pour 237 milliards en 2005 et pour 667 en 2009. Les finances publiques subissent l'effet de ciseaux : chute des recettes publiques (450 milliards de moins en 2009 par rapport à 2005, dont 179 de taxes sur profits des sociétés et 90 d'impôts sur les revenus) ; et explosion des dépenses de fonctionnement (celles de 2009 dépassent de 885 milliards le niveau de 2005) ; l'Etat a dû à la fois renflouer les auteurs de la crise, et secourir ses victimes, les chômeurs. Le déficit 2009 du gouvernement fédéral s'élève à 1404 milliards de Dollars US, (10,8 % du PIB) et induit un accroissement net des engagements de l'Etat de 1582 milliards de Dollars. L'Etat a couvert par les recettes seulement 28 % des dépenses en 2009 ; l'exécution du budget de l'Etat a nécessité qu'il accroisse ses engagements de 72 % des dépenses !

La marge de manœuvre est inexistante : le parti républicain bloque toute idée de renforcement des moyens d'intervention de l'Etat. Dans la crise de la dette souveraine de l'été 2011, l'irrédentisme du parti républicain n'avait d'égale que la pusillanimité du président Obama : les Etats-Unis ont donné l'image d'un pays ingouvernable dans les moments forts.

Correspondant à des dates significatives de la tempête qui souffle sur les marchés de dettes souveraines depuis le début 2010, les rendements permettent de saisir la perception de celles-ci par les marchés. L'échéance de 30 ans intègre l'ensemble des éléments d'appréciation du passif sur le très long terme : qualité d'une dette et évolution future des monnaies ou leur statut (cas de l'USD). Selon une étude de McKinsey Global Institute (MGI), le privilège exorbitant dont dispose le Dollar US fait gagner un profit net par an compris entre 40 et 70 milliards de Dollars en raison du droit de seigneuriage et de la modicité des taux d'intérêt sur les bons du trésor au regard de la masse des emprunts. La crise aurait ramené ce gain à 10 milliards de Dollars US en 2009.

L'étude souligne que les achats massifs de bons du trésor US induisent une appréciation du Dollar. Sa dépréciation sur les marchés ne prend alors que plus de signification. Le cours de change du Dollar US par rapport au Franc suisse a fortement baissé au cours du dernier siècle et même durant la décennie écoulée. La tension des rendements sur la dette publique américaine n'est-elle pas en soi un signal que le Dollar en est réduit à jouer les « seconds rôles » ?

Tableau U13 : Rendements des obligations souveraines de 30 ans (en %)

	USA	**France**	**Allema**	**Grèce**	**Suisse**	**Japon**	**Canad**
12.01.2010	4.70	4.25	4.08	6.24	2.44	2.31	4.13
08.02.2010	4.51	4.01	3.80	6.38	2.12	2.33	4.00
25.03.2010	4.71	4.07	3.87	6.61	2.30	2.26	4.08
07.04.2010	4.82	4.02	3.82	6.89	2.37	2.25	4.11
29.06.2010	3.97	3.73	3.29	9.83	1.88	1.93	3.67
01.12.2010	4.19	3.72	3.26	9.28	1.87	2.08	3.51
30.05.2011	4.24	3.95	3.53		2.19	2.00	3.50
08.08.2011	3.71	3.68	3.06	10.82	1.63	1.92	3.15

Le rendement de la dette américaine était, en 2010, le plus élevé de tous sauf la Grèce. De plus, après être descendu au-dessous de 4% pendant cinq mois, ce rendement est remonté à un niveau tel que la diminution finale (50 pdb) du début de l'année à début décembre 2010, est la plus faible hormis celle des bons japonais, mais dont le rendement est à un niveau deux fois inférieur.

Les USA ont privilégié, en 2010, la lutte contre le chômage à la consolidation budgétaire ; l'UE avait opté plutôt pour le ménage budgétaire. La détente des taux à l'été 2010 a profité largement à la dette américaine. Les taux harmonisés, moyennes arithmétiques de taux de dettes de 1 à 30 ans, reflètent l'évolution observée pour les bons à 30 ans : du 4 mai au 15 juin 2010, la dette américaine réduit l'écart de 21 pdb par rapport à la dette française, de 9 pdb vis-à-vis de la dette allemande et de 63 pdb face à la dette suisse. Malgré cette évolution liée aux difficultés de l'Euro, le taux moyen de la dette US reste de 53 pdb au-dessus du taux allemand. Pour cause : c'est la dette qui émerge le plus dans l'économie américaine, à tel point que réserves de devises et droits de tirage spéciaux étaient passés au rouge avec un total de valeurs absolues pour les deux de plus de 100 milliards en 2009.

Malgré les discours lénifiants des politiques européens et la bonne disposition dont fait preuve la BCE pour acheter la dette des deux grands pays fragilisés (Italie et Espagne), les titres US ont mieux résisté au lendemain de la dégradation de la note US que les titres européens dans la bourrasque qui affecte les marchés. Les titres US de 30 ans ont réduit les écarts avec les titres français ; de plus, le taux moyen des titres US de 1 à 30 ans est, le 09-08-11, de seulement 1,38 pour 1,57 en Allemagne et 1,88 pour la France. La tendance est paradoxalement nettement en faveur des titres US. Le paradoxe n'est qu'apparent : la dette américaine bénéficie du répit que lui offrent les tribulations de dettes de pays de la zone Euro de plus en plus nombreux. Des deux côtés de l'atlantique, discours et communiqués sont insidieusement pyromanes pour l'autre camp.

La montagne de dettes américaines

Le tableau ci-dessous récapitule l'évolution de l'endettement des différents agents économiques US.[9]

Tableau U14 : Dettes par catégorie d'agents économiques en milliards

	Total	Ménages	Affaires	DSL(*)	Etat fédéral	Secteur financier
1976	2505	819	936	238	513	284
1980	3954	1396	1478	344	735	578
1990	10835	3581	3769	987	2498	2614
2000	18166	6987	6596	1198	3385	8158
2009	34640	13602	10871	2362	7805	15628

(*) State & Local governments

La dette fédérale a doublé en août 2011 et le total dépasse 50000 milliards de Dollars US. En 2009, la dette des ménages comprend pour 10335 de dettes hypothécaires. La dette «Affaires » comprend 7081 de dettes entreprises. La dette a explosé surtout dans les vingt dernières années :

- La dette des ménages approche l'équivalent du PIB ;
- Celle du secteur financier avait atteint 17113 en 2008 ;
- La dette souveraine regroupant celles des DSL et de l'Etat fédéral, s'élève à 10167 en 2009.

L'aggravation continue de la triple dette, publique, privée et extérieure, des Etats Unis finit par entamer quelque peu leur puissance. La triple crise de la dette souveraine, des échanges extérieurs et subséquemment du Dollar comme monnaie de réserve internationale, est suivie de la redistribution des réserves monétaires de certains pays, et de la dédollarisation des échanges dans certains espaces économiques : la Chine a engagé la régionalisation du Yuan par son utilisation comme monnaie de compte et de paiement dans les échanges avec des pays asiatiques. Elle a autorisé des emprunts en Yuans pour les sociétés étrangères. La dégradation de leur note oblige les USA de se préoccuper de leurs déséquilibres. Mais à quel rythme ?

---

[9] Les chiffres sont extraits le 17-09-10 du site de la FED (D.3 Debt Outstanding by sector)

Dans la tourmente de la crise qui perdure en s'aggravant, comment analyser la superposition des soutiens que se donnent les uns les autres, surtout lorsque les dettes se retrouvent au final peu ou prou dans le bilan de la FED ? Que les MBS apparaissent comme des crédits à l'économie ou comme créances sur l'Etat, en qualité de garant des agences Fanny et Freddy, la situation des montages actuels rappelle le dicton arabe d'une personne en naufrage, qui ne trouve d'autre solution que de s'accrocher à quelqu'un d'autre en train de se noyer lui aussi.

Le monde se retrouve difficilement dans les montages complexes qui sont opérés ; et, les nouveaux sigles qui sont utilisés ne l'aident pas à sortir de la situation actuelle. Et, c'est une situation similaire de fuite en avant dans laquelle tourne aussi la zone Euro. Les aides apportées par certains Etats à d'autres, de même que les achats de titres par des banques sous la forte pression des gouvernements respectifs ne sont que de piètres adjuvants. La zone Euro risque d'être encore plus fragilisée que les Etats-Unis avec les achats de ces titres : les banques européennes concernées ne seront pas en mesure de remplir les exigences de solvabilité et cette fois-ci, seront - elles sauvées par les Etats ?

Laxisme bancaire et endettement

L'abolition de la loi Glass-Steagall qui avait limité, dans le New Deal en 1933, la concentration de différents métiers de banque, a connu son premier acte dans un café auquel ont été invités à la Maison Blanche les plus grands banquiers en 1996 : il s'agissait, pour ces derniers, de discuter « de la législation à venir, y compris les idées qui permettent de briser la barrière séparant les banques des autres institutions financières ». Le besoin qu'il avait d'obtenir le financement de sa campagne pour la réélection de Bill Clinton explique cette rencontre ; dans les semaines suivantes, est introduit auprès du Congrès, un projet de texte pour remettre en cause

« les règles bancaires établies six décennies plus tôt, ce qui permettrait aux banques de se lancer très largement dans l'assurance et dans la banque d'affaires et de marché » (Le Monde diplomatique).

C'est ce qui a ouvert la voie au marathon de dérégulation et de décloisonnement des activités non seulement bancaires mais plus largement financières. Ce fut, là, le lancement de la course aux excès qui ont conduit le monde vers la crise financière globale. La financiarisation mondialisée n'aurait pu atteindre les dimensions qui ont permis des déséquilibres abyssaux si les métiers de banques étaient restés séparés de façon étanche.

Il est singulier que l'endettement des différentes catégories d'agents économiques explose aux USA en contexte de forte injection des liquidités par la FED alors que la résurgence de l'inflation, suite à chacun des deux chocs pétroliers, avait conduit la révolution libérale, dans ce pays-là et en Angleterre à privilégier la lutte contre l'inflation et le renforcement de l'épargne comme bases privilégiées de toute ambition de croissance équilibrée. Dans la théorie de l'offre chère aux Néolibéraux, l'aversion pour l'impôt fait accepter l'inflation modérée seulement comme alternative à la pression fiscale ; il suffirait de maintenir sur les salaires une forte pression pour préserver/régénérer la compétitivité de l'économie. L'histoire étant un éternel recommencement, la tentation de revenir à l'inflation ne sera peut être pas écartée. L'impasse budgétaire dans laquelle sont les Etats-Unis comme la Zone Euro ne peut faire l'économie de réduire la dette souveraine par l'inflation qui en diminue la valeur réelle, pour éviter des équilibres budgétaires qui seraient socialement suicidaires.

Selon une étude de la Société Générale, les Etats Unis avec un taux d'endettement en 2010, de 97,3% du PIB pour les ménages, autant pour l'Etat, et de 78,1 % pour les entreprises, pourraient réduire, grâce à une inflation de 4% au lieu de 1%, respectivement de 12,3% ; 22,4 % et 18 % ces taux en 2020, dans un contexte de taux d'endettement stable par rapport aux revenus réels. Mais, l'histoire brûlante de l'été 2011 a montré que le pays ne peut faire cavalier seul sans entamer sa crédibilité considérée jusqu'ici comme la base de sa puissance.

La dette ersatz des revenus et de l'épargne

L'Etat, on l'a vu, a enchaîné des déficits budgétaires : en 2010, le budget se solde par un déficit de 1600 milliards de Dollars US. A la demande de consommation de l'Etat, incluse dans ces déficits, s'ajoute la demande des ménages en biens courants et durables. Le pays n'a pas produit suffisamment et a dû importer des produits en masse pour couvrir la demande domestique. L'équation macroéconomique fondamentale de l'équilibre offre-demande s'écrit :

Production + Import = Cons + Inv + Export

D'où

(Import-export) de B & S = Cons + Inv – Production

La main invisible se charge de réaliser l'équilibre instantané sur le marché entre offre et demande par les prix. Mais, cela suppose que la demande ne procède que des revenus issus du stade du processus de création des richesses par la production. Il y a, alors, équilibre de la balance commerciale qui ajuste les prix avec l'extérieur. L'école néolibérale ajoute que la monnaie créée doit être ajustée sur le niveau de la production et ne peut se justifier que comme stimulus de l'activité : les équilibres se déplacent alors vers des niveaux supérieurs dans lesquels l'harmonie offre-demande est préservée. Ouverture de l'économie et concurrence conjuguent leurs effets avec les prix pour l'équilibre dynamique. Cela suppose que la création de monnaie ne peut apporter qu'un complément à l'épargne domestique pour soutenir l'investissement et anticiper des niveaux d'équilibre supérieurs de l'économie. Elle ne doit pas servir à stimuler la consommation. La demande globale doit se caller de manière structurelle sur les revenus générés dans les activités de production, au stade de l'offre, déduction faite de la partie des revenus qui est épargnée.

L'épargne domestique est en déclin depuis les années 1970 ; son taux sur le PIB a évolué ainsi par décennie : 8,01 % dans les années 1970 ; 5,54 % au cours des années 1980 ; 4,88 % dans les années 1990 et 2,87 % sur la période 2000-2008. En France les chiffres ont été pour les mêmes périodes : 11,84% ; 6,44% ; 7,4 % ; 6,69 %. Au lieu de considérer comme données revenu et consommation et faire de l'épargne la variable, on a permis à l'endettement des différents agents économiques d'inverser l'équation aux Etats Unis. Et alors, non seulement l'endettement peut suppléer l'épargne, mais il doit également stimuler la consommation. Pourquoi se priver du levier monétaire ? Le modèle est sorti largement de l'épure néomonétariste.

Le pays a permis, voire organisé, un endettement des ménages qui leur a fait perdre la notion d'épargne contrairement aux préceptes moraux et culturels de base sur lesquels a été construite la société (la justification du lucre est dans la modération de la dépense). Et l'engouement des ménages américains pour la consommation était d'autant plus élevé qu'ils y étaient poussés avec insistance et que le coût de l'endettement est demeuré bas pendant longtemps. Le taux d'épargne nette des ménages est tombé de 3 % en 2000 à 1,48% en 2005.

Le pays a stimulé très fortement sa demande intérieure mais sans être capable de la satisfaire par une offre locale. Pourtant, il avait, dans les années quatre vingt, mené la Supply economy en réduisant les taxes. Mais, au total le pays a fait, sous le couvert de la théorie de l'offre, davantage et volontairement une politique de demande, moyennant une expansion monétaire inconsidérée.

Le pays a fini par réduire même son taux d'investissement : autour de 20 % de 2000 à 2006, la FBCF est tombée à 19 % en 2007 et à moins de 18 % en 2008. Il en est réduit à sacrifier l'avenir sous la forte pression du présent. Le chômage avait atteint 11,75% en 2005 et l'inflation n'est descendue sous les 3% qu'en 2007.

L'épouvantail de la déflation avancé par A. Greenspan peut-il alors résister à l'analyse ? L'affaiblissement de l'économie a été limité au début des années 2000. La croissance a repris même si l'activité industrielle se dévitalisait. La FED ne pouvait ignorer, en tous les cas, à quoi servaient les liquidités quasi gratuites dont elle inondait le pays et le monde.

CHAPITRE 3

LA FRANCE DANS L'INERTIE DU PASSE

« Les dépositaires du pouvoir ont une disposition fâcheuse à considérer tout ce qui n'est pas eux comme une faction. »
Benjamin Henri Constant de Rebecque, dit Benjamin

A. L'HERITAGE DU PASSE

La première semaine de 2011, la presse française annonce :

- les sociétés du CAC 40 (détenues par quelques familles) doivent distribuer 40 milliards d'Euros de dividendes ;
- selon une enquête de l'INSEE, le pays compte 250000 SDF (sans domicile fixe) ou personnes en hébergement précaire dont 133000 SDF au sens strict, et 2900000 personnes (1100000 ménages) habitent, à la fin des années 2000, des logements sans confort. Pourtant, 43 % de ces ménages ont un travail. Un ministre précise que le pays a, en 2010, réalisé 1100000 logements sociaux, principal dispositif d'aide aux ménages en matière de logement.

Ces chiffres résument à eux seuls la déchirure sociale en France : ce pays n'a pas le monopole de l'abysse qui sépare les gagnants et les perdants de la prospérité du monde moderne. Il n'est pas le seul à abriter de plus en plus de ménages dont les revenus ne permettent pas de se loger aux prix du marché. Il reste que, dans le pays qui a vu naître les droits les droits de l'homme et qui les a complétés par celui récent au logement opposable, une large frange des citoyens – ou des résidents – ne se reconnaît plus. Ce n'est plus le pays de Jules Ferry ni des «trente glorieuses ».

Le pays des Lumières a donné de cette France la meilleure image en 2010 lors de la bataille sur la réforme des retraites. Présentée comme la réforme phare du mandat présidentiel, la réforme a buté sur l'opposition violente des syndicats des travailleurs, ce qui est dans la norme des choses et des rôles, mais aussi du parti socialiste qui en fit un vecteur pour sa propre remise sur scelle. La farouche opposition de ce parti à la réforme est, à tout le moins, paradoxale quand on sait que :

- c'est sous le gouvernement socialiste que le pays a introduit la financiarisation ;
- les marchés financiers n'auraient pas accepté le maintien du statu quo en matière de retraite et que le rating de la dette publique de la France était en jeu.

Cette déchirure sociale et sociétale de la France est séculaire : elle naquit dans les lumières ténébreuses du XVIIème siècle (siècle des lumières) et continue à porter le pays dans les profondeurs de son identité culturelle.

N'est-ce pas ce que résume de Gaulle quand il dit en 1965 : *« Les Français sont atteints d'un mal profond. Ils ne veulent pas comprendre que l'époque exige d'eux un effort gigantesque d'adaptation. Ils s'arcboutent tant qu'ils peuvent pour faire obstacle aux changements qu'elle entraîne. Regardez le passé : se sont-ils jamais montrés capables de s'organiser spontanément, d'investir, de produire, d'exporter par eux-mêmes ? Non. »*Selon lui *« ils attendent passivement que la puissance publique fasse tout à leur place. Il faut que ce soit elle qui veille à tout, qui vaque à tout, et spécialement aux transformations nécessaires ; ensuite, ils les refusent parce que c'est elle qui les leur apporte. Ils ne peuvent se passer de l'Etat, et pourtant ils le détestent sauf dans les périls »* Et de se demande alors « *Comment gouverner la France si les Français sont ingouvernables? Je ne peux rien pour la France sans les Français.* » Propos rapportés par Alain Peyrefitte dans «Le Mal français » [10]

LA FRANCE DE L'HISTOIRE SECULAIRE

Il ne s'agit pas de réécrire l'histoire de la France, mais de rappeler les éléments saillants d'une très longue formation de la société qui a accouché de la révolution et des droits de l'homme, lesquels s'arrêtaient, il faut le souligner, aux

---

[10] A. Peyrefitte : Le mal français Editions Omnibus p. 82.

frontières du territoire de la « métropole ». Les peuples des colonies ne comptaient pas pour citoyens mais pour des sujets privés des droits élémentaires. Il a fallu, pour l'Algérie, la rencontre de la plus farouche détermination d'un peuple, de la hauteur de vue d'un grand homme d'Etat, et de la solidarité internationale pour dénouer le drame.

La France pays des Lumières

Le moule de la France actuelle remonte au baptême de Clovis, qui est fait roi à la fin du Vème siècle avec le soutien des évêques. Ce qui fait dire à certains historiens que depuis l'origine de la France, « le pouvoir y est d'origine divine. » Mais ce sont les capétiens qui font sortir la France de la royauté féodale, comme c'était le cas d'autres pays en Europe, pour fonder un Etat national avec ses trois piliers : un pays, un droit et un Etat.

L'organisation de cet Etat se réfère à celle de l'Eglise où tous les pouvoirs proviennent d'une source unique : le pape. Le centralisme est à la base de la construction de la monarchie administrative qui s'imposa à partir de Louis XIV. Point de place pour la franchise médiévale : « *Notre gouvernement s'est tout à fait arrangé sur un nouveau système, qui est la volonté absolue des ministres de chaque département : l'on a abrogé tout ce qui se partageait cette autorité* » a écrit le marquis d'Argenson en 1672. [11]

C'est Louis XIV qui donna ses plus beaux titres de noblesse à la centralisation par sa célèbre formule : « L'Etat c'est moi ». Reprise par les intendants, la formule donne : le ministre, c'est moi. C'est toute la force royale qui « *descendait ainsi sans déperdition aux extrémités de l'ordre social* »[12] L'absolutisme du roi soleil ne pouvait s'imaginer qu'étendu à toutes les sphères

---

[11] Considérations sur le gouvernement de la France ; p. 46

[12] Pierre Edouard Lemontey « Essai sur l'établissement monarchique de Louis XIV » p. 399

de la société. Outre la hiérarchie administrative, qui devait lui être absolument soumise par l'intermédiaire de ses collaborateurs directs, Louis XIV a asservi la hiérarchie nobiliaire et avait aussi la haute main sur la hiérarchie ecclésiastique. Malesherbes résume cette situation dans son écrit à Louis XVI : « *On a interdit la nation et on lui a donné des tuteurs* »[13].

Dans pareille organisation sociale, il n'y a point de place pour les pouvoirs locaux. La France s'abandonne à l'Etat incarné par le roi, dont la volonté s'est imposée autant qu'elle a été façonnée par ses collaborateurs, tels que Richelieu, Mazarin et Colbert. L'excès de centralisation, qui prend pour nom «le colbertisme», est critiqué par Fénelon dès 1694 quand il écrit au roi « *Vous avez tout entre vos mains, et personne ne peut plus vivre que de vos dons* ».

Sa position de première destination touristique dans le monde, la France la doit surtout au siècle des Lumières et à ses splendeurs architecturales et urbanistiques. Le pays est admiré pour ses arts et son génie. La lecture de son histoire montre que les splendeurs de Paris sont la face d'une civilisation dont l'envers exprime de l'horreur. De sorte qu'avec le recul, la question s'imposa de savoir si les fastes de la cour du Roi soleil ont placé la France réellement au faîte de sa puissance ou l'ont mise, au contraire, sur le chemin du déclin puisque centralisation oppressante, administration toute puissante, fiscalité dispendieuse et stérilisante et inertie quasi totale de la mobilité sociale demeurent des pesanteurs qui continuent à contrarier d'une certaine manière la régénération du pays.

« *L'économie est dessinée, taillée et retaillée « à la française* » comme les jardins français. Alain Peyrefitte, qui donne cette image de la France colbertiste, considère qu'il n'y avait pas

---

[13] Discours au roi au nom de la cour des aides ; 1772.

eu de véritable décollage français avant 1945. [14] Les usines dont il s'était doté ont permis au pays, dit-il, de « *connaître l'industrialisation sans révolution industrielle.* » Mais qu'est-ce qui manquait à la France ?

Dans la France des XVIIème et XVIIIème siècles, la misère est oppressante au point qu'elle régule même la démographie. La peste, la famine et les guerres font l'équilibre biologique. L'impôt levé sur une agriculture de subsistance qui ne nourrit pas ses acteurs, doit financer les guerres d'humeur et de prestige menées par le roi, les fastes sans limites de sa cour et ses prolongements nobiliaires, ainsi que la prévarication des premiers responsables qui entourent le roi. La France est alors et pour longtemps malthusienne. Ce sont les mesures de soutien en contexte économique et social déprimant qui expliquent le sursaut démographique entre 1938 et 1945. La reprise de natalité à 2,01% en 2010 procéderait des mêmes causes.

La décadence occultée par le faste n'est pas propre à la France dans les derniers siècles du deuxième millénaire : elle affecte ses « sœurs latines » qui sont l'Italie, le Portugal et l'Espagne. Ces quatre pays avaient pourtant constitué, à des degrés divers, les points d'entrée des deux cultures, grecque et romaine, mais également de la civilisation musulmane. En effet, c'est bien à travers la traduction en latin d'ouvrages de mathématiques, de physique, de chimie, d'astrologie et de sciences littéraires comme l'histoire et la géographie écrits par Averroès, Tabari, Ibn Batouta, El Maari, Ibn Khaldoun et autres auteurs célèbres que l'Europe du Moyen Age accède aux disciplines qui permettront la maîtrise des techniques. Ceci est occulté par nombre d'ouvrages de référence.

---

[14] A. Peyrefitte : Le mal français. Omnibus

Récipiendaire de la civilisation mésopotamienne, l'Italie a brillé de tous les feux de la Renaissance. Avant l'Espagne le Portugal, après le reflux des musulmans, s'est lancé dans l'aventure de l'espace maritime, voguant des ports marocains jusqu'au Brésil et ce, dès le début du XVIème siècle. L'Espagne l'a suivi dans l'expansion géographique : mais, avec son mobile revanchard, doublé de son faible très accentué pour la noblesse, elle ne sut pas davantage que le Portugal, valoriser ni bonifier ses exploits en Amérique latine.

La France, comme ses trois sœurs, va s'embourber dans la division de la chrétienté dès le début du XVIème siècle. Mais, si les autres vouent leurs forces à la Contre-réforme, la France chemine entre Réforme et Contre-réforme : elle porte sur le trône catholique un chef des Huguenots converti, Henri IV ; et Louis XIV humilie le pape. La France n'a pas entériné les décrets du Concile de Trente, lequel a exacerbé la pensée unique et qui, achevé en 1563, a banni la liberté de pensée dans l'église catholique, comme le montre l'histoire de Galilée. C'est son modèle pyramidal qui est transposé aux Etats des pays catholiques : construction applicable aussi bien à la politique qu'à l'économie.

La France laisse la place à la vie intellectuelle et à « la philosophie des lumières » : le pays abrite les idées de Rousseau et de la franc-maçonnerie. De sorte que la révocation de l'Edit de Nantes en 1865 peut s'analyser autant sinon plus comme une manifestation de l'absolutisme de la monarchie que comme un acte d'essence religieuse.

Dans la France du XVIIème siècle ne peuvent fleurir que des forges, des manufactures et des arsenaux royaux. L'industrie naissante est l'affaire de l'Etat, du roi. C'est le mépris des activités économiques, qu'elles soient commerciales ou manuelles. « *Il est contre l'esprit du commerce que la noblesse en fasse dans la monarchie. Il est contre l'esprit de la monarchie que la noblesse y fasse le commerce* » écrit Montesquieu.

La consommation ostentatoire confère la considération alors que la production avilit, et le profit méprisé. Mais, l'hostilité au profit est-elle d'origine religieuse – dans les livres – ou au contraire, les bourgeois se détournent-ils des activités économiques pour mieux mériter de se hisser au statut de la noblesse ? Est-ce la Contre-réforme dont on a vu qu'elle n'a pas gagné la France qui condamne le profit et, par suite, l'économie comme le soutient A. Peyrefitte, ou simplement le mépris social qui le rejette ?

Des historiens observent qu'après avoir été au cœur de la première prospérité de sortie du Moyen-âge les sœurs latines vont s'éclipser devant le dynamisme de nations du Nord : Hollande et Angleterre ainsi que d'autres nations réformées, telle la Suisse. Et de donner comme explication à l'éclipse des pays du Sud que la division de la Chrétienté a généré le flux migratoire des Protestants contraints par les persécutions dont ils faisaient l'objet dans leurs pays d'origine.

Les migrants faisaient partie de l'élite locale, et étaient, donc, plus portés vers le libre arbitre et la responsabilité que les autres. Leur migration constitue un apport inestimable en savoir et savoir-faire mais aussi en capitaux dans les sociétés d'accueil. Le déracinement exacerbe le besoin de réalisation de soi. Il constitue, on le voit bien chez des communautés contraintes à la migration : Juifs, Libanais, Palestiniens ..., un ferment intense de dépassement de soi. Et il est évident que cette prédisposition à l'autoréalisation aboutit d'autant que le migrant se retrouve en milieu qui facilite l'épanouissement.

C'est précisément la supériorité de la société polycentriste sur celle dans laquelle un centre décide pour tous : la société monocentriste. La société réformée met le croyant protestant en rapport direct avec Dieu, abolit la hiérarchie et laisse au croyant son total libre arbitre. Il est donc libéré du carcan qui contraint le croyant catholique, lequel doit abandonner son autonomie au profit de la hiérarchie ecclésiastique.

C'est qu'en effet l'ordre théocratique cloisonne la société, et l'Etat a dupliqué cette forme d'organisation au plan politique, alors que la Réforme a libéré le croyant et lui a permis de se hisser au rang d'acteur économique de plein exercice. Elle le tire de l'oisiveté et encourage la possession des biens terrestres mais le limite dans la jouissance qui doit demeurer raisonnable. Dans le cas particulier de la France, le facteur religieux s'est doublé de la force prégnante de la bureaucratie qui entrave la liberté d'entreprendre.

De sorte qu'au total, mépris des activités économiques, comme on a vu, chez les catégories aisées et donc culturellement ouvertes sur les activités nouvelles, d'une part, et poids de la bureaucratie monarchique, d'autre part, ont conjugué leurs effets pour freiner les ambitions d'entreprenariat. Il n'empêche, la France a développé des activités industrielles de premier plan : certaines d'entre elles sont le fruit d'ateliers royaux de l'époque ; d'autres sont le résultat du génie de familles qui se sont lancées très tôt dans des métiers de transformation.

Mais, alors comment comprendre l'antagonisme exacerbé entre la base prolétarienne, d'une part, et les entrepreneurs et l'Etat, d'autre part ? Et, qu'est-ce qui peut expliquer le rejet systématique par les salariés de toute situation nouvelle qui se manifeste dans la sphère économique et sociale ? Est-ce réellement parce que : « *Le malaise que notre mutation accélérée suscite tient pour une large part au fait multiple que nous vivons dans une société bloquée. Nous supportons aujourd'hui le poids d'un long passé.»*[15] Est-ce seulement pour cela ? J. Chaban-Delmas ajoute : « *L'Etat est tentaculaire et en même temps inefficace. Par l'extension indéfinie de ses responsabilités, il a peu à peu mis en tutelle la société française tout entière... Ces déformations et ces malfaçons sont le reflet de structures sociales, voire mentales, encore archaïques ou trop conservatrices.* »

Ces déclamations reflètent une situation conjoncturelle – mai 1968 n'a que 14 mois – mais aussi structurelle : les réformes sont rejetées dans la rue, à la différence de ce qui se passe dans d'autres pays. Spécificité française que la manière de se conduire face aux changements : la rue mobilise rarement les Américain et les Suisses recourent aux règles de la paix du travail, lesquelles renvoient les protagonistes à une médiation institutionnelle. Mais alors à quoi tient cette spécificité française ? L'Etat est tentaculaire et, de plus, pèse sur lui le soupçon de préserver les intérêts de castes. La grande détresse des Français du temps de la monarchie et des soubresauts violents et répétés qui ont été nécessaires pour la balayer à la fin du XVIIIème siècle demeure prégnante.

La France pays de la contestation

Le jusqu'auboutisme des travailleurs français puise ses fondements dans les profondeurs de l'esprit de fronde et de révolte qui a animé les révolutionnaires du XVIIIème siècle. La contestation comporte une constante : le rejet des moyens, fussent-ils juridiques, utilisés par l'Etat pour préserver l'ordre étatique, qui est frappé aux yeux des travailleurs de l'opprobre de l'injustice séculaire. Le taux de syndicalisation a fortement baissé en France depuis les années 1970 sous le double effet de la tertiarisation de l'économie (les employés étant moins portés vers les revendications que les travailleurs manuels), et de la montée du chômage dans les vingt dernières années.

---

[15] Discours de Jacques Chaban-Delmas, premier ministre de Georges Pompidou devant le parlement le 16-09-69.

Les salariés ne sont, cependant, pas pour autant disposés au compromis comme le sont ceux d'autres pays : la modération salariale a été, par exemple, acceptée en Allemagne pour préserver des emplois. L'ordre étatique s'étant mis au service de la mondialisation qui se manifeste par les délocalisations et les surprofits des capitalistes, son refus peut-il être analysé autrement que comme rejet des effets de cette mondialisation, qui exacerbe les inégalités et vulnérabilise toujours davantage les salariés ?

Dans le cas de la réforme des retraites, la France peut-elle refuser de prendre en charge les exigences des marchés financiers pour ce qui est de l'équilibre à très long terme de son système de protection sociale ? Il aurait fallu qu'elle dispose de solutions alternatives au financement de sa dette publique par le marché dont la réaction peut être dévastatrice sur le coût de la dette. Ou la France est dans le marché ou elle est hors du marché. Dans le marché, s'appliquent de façon irrépressible toutes les règles qui président à la circulation des actifs financiers. Pour être hors marché, la dette doit pouvoir être nourrie par un institut d'émission souverain ; ce qui suppose la sortie de la France de la zone Euro.

Mais, les Français sont-ils vraiment ingouvernables ? Le sont-ils plus que les Suisses par exemple? Comment analyser les demandes de votations émanant du peuple suisse, parfois juste après qu'un processus ait abouti au niveau des instances politiques habilitées et cela, de la manière la plus démocratique qui soit ? Les Suisses ont l'avantage de disposer, avec le système de votation populaire, de la soupape de sécurité qui leur permet de contester et de remettre en cause des orientations ou décisions politiques de façon pacifique.

Les Français peuvent avoir élu au suffrage universel un président à un taux de oui élevé dans des conditions et pour des raisons bien déterminées, et ne pas adhérer à une décision que prend l'autorité politique par la suite. L'élection au suffrage universel d'un homme même providentiel – comme cela a été le cas du général de Gaulle en 1962 – n'implique pas nécessairement l'adhésion du peuple à tous les actes politiques qu'il prend dans le cadre de son mandat.

Les Français sont privés du système du référendum à l'initiative du peuple ; ils sont riches de l'histoire de la monarchie qui dépouillait les pauvres pour satisfaire ses apparats et les privilèges de son entourage. L'antagonisme profond qui mine le pays à l'arrivée de Louis XVI sur le trône se double de la déchéance des finances du royaume. Turgot que le roi choisit pour gérer les finances du pays – ou plutôt du roi – annonce comme buts à ce dernier : « *Point de banqueroute, point d'augmentation d'impôts, point d'emprunts* ». Pour accomplir cette mission, il affiche au roi les enjeux : « *Il faut vous armer contre votre bonté, de votre bonté même, considérer d'où vient cet argent que vous pouvez distribuer à vos courtisans, et comparer la misère de ceux auxquels on est quelque fois obligé de l'arracher par les exécutions les plus rigoureuses, à la situation de personnes qui ont le plus de titres pour obtenir vos libéralités* ». [16] Calonne, ministre du roi se fait l'avocat des non-privilégiés : « *Peut-on faire le bien général sans froisser quelques intérêts particuliers* ? ». La problématique est plus à l'ordre du jour que jamais depuis que la crise a : i) aggravé l'exclusion, ii) fragilisé les travailleurs par le taux de chômage et iii) érigé un Etat-providence au profit des nantis.

Le rejet qui a fini par prendre la forme de la révolution contre des privilèges reste présent dans les rapports sociaux : si les privilèges ont disparu, et avec eux les inégalités de droit liées au sang, de fortes inégalités contrarient plus que jamais la fluidité des rapports sociaux. Les inégalités ne cessent pas de se creuser. La France est envahie comme les autres pays par la

[16] Max Gallo : Révolution française. 1. Le peuple et le roi. p. 51.

polarisation des richesses depuis les années 1980, qui donne lieu à une lecture historique : « retour à Marie-Antoinette », la reine autrichienne, femme de Louis XVI, pour viser le train de vie de l'Etat.

Le modèle social, né de la subrogation de l'aristocratie du mérite à l'aristocratie de naissance, a été construit par la Révolution et prolongé par l'Empire et il constitue la pièce maîtresse pour la reconstruction en 1945 dont il incarne les idéaux. Il se fonde sur le rôle fondamental de l'administration avec sa double composante – service public et entreprises publiques – et de l'Etat providence. Le rôle que le marché pouvait se frayer au lendemain de la Guerre, y est contenu par des mesures étatiques fortes censées mettre la population à l'abri de la précarité. Les normes sociales fondamentales y sont le contrat de travail à durée indéterminée et la protection sociale.

Comprenant les revenus de remplacement pour les retraités et les chômeurs (pendant un temps), mais aussi la couverture médicale, la protection sociale mobilise des ressources publiques importantes. Les dépenses sociales avant leur imposition ont atteint en France 28,5 % du PIB en 2001, soit le double du taux des Etats Unis (14,8 %). Mais, rigidité du droit du travail, d'une part, et niveau jugé non compétitif des prélèvements obligatoires, d'autre part, ne sont pas en harmonie avec les canons établis de la mondialisation.

Alors, rouages sociaux et économie bloqués ? Ou ferment de la conscience des salariés pour un capitalisme moins libéral et moins dur ? La France peut-elle contourner ou à tout le moins ignorer les règles implacables du libéralisme et, pour y parvenir, susciter un mouvement de contestation de ses canons à l'échelle planétaire ? Elle ne semble pas être à la pointe du mouvement qui se profile chez les contestataires du système.

B. LA CROISSANCE DANS LA FRANCE MODERNE

LES AGREGATS MACROECONOMIQUES

Quelles ont été les performances de la croissance française ? Nous les approcherons à travers les mesures de la croissance saisie « en prix de l'année (n-1) chainés sur la base Euro 2000 ». Pour cela, nous utilisons surtout les chiffres de l'INSEE. Nous faisons aussi appel à ceux de l'OCDE. Nous recourons aux mêmes indicateurs de base que pour les Etats Unis, et, d'abord, pour la période 1970 à ce jour. Nous associons au taux de croissance (première ligne) celui de l'inflateur composé (seconde ligne).

Tableau F1 : PIB : croissance et inflateur annuels composés (en %)

1970-80	1970-09	1980-85	1985-90	1990-95	1995-00	2000-09
3.688	2.332	1.547	3.264	1.154	2.807	1.157
6,97	4,11	5,27	3,22	2,41	2,16	2,70

La croissance française occupe un rang intermédiaire dans le taux et dans sa volatilité mais les années 1970 sont plus brillantes que la suite. C'était, encore, les trente glorieuses. C'est le lendemain de la Seconde guerre mondiale qui permet au pays, dont l'économie avait été handicapée pendant l'occupation et qui avait été meurtri, de réaliser quasiment un nouveau décollage. Avec cet avantage que la reconstruction allait se faire au moyen de ressources humaines de haut niveau au plan du savoir aussi bien que du savoir-faire, mais aussi avec l'aide du plan Marshall.

Si, en France comme dans l'ex Allemagne de l'ouest, les infrastructures détruites devaient être reconstruites, les capacités de production n'avaient été totalement détruites ni ici ni là : ici, les destructions auraient affecté surtout les infrastructures pour entraver les mouvements de troupes ; en France, des usines comme celle de Renault à Billancourt, ont été détruites : elles abritaient des chaînes de fabrication d'armes pour l'armée allemande. Pour relancer son économie, la France a besoin d'équipements et de matières premières.

Repartant d'un niveau très bas, les richesses créées exprimées en prix courants allaient tout naturellement exploser : ainsi, le PIB augmente de 217 % entre 1949 et 1970. Cette augmentation est accélérée au départ : 90 % de 1949 à 1960 ; 54 % de 1960 à 1970. La décélération du trend signifie déjà que la France n'arrive pas à se positionner avantageusement dans la demande mondiale, alors pourtant en forte croissance. Allait-elle être en mesure de soutenir sur le long terme un rythme de croissance élevé ? La croissance réelle entre 1950 à 1970 est forte et soutenue : le PIB croit au taux de 4,74% dans la première décennie et 5,75 % dans la suivante. Ces taux globaux ont été tirés, en particulier, par les industries auto et les biens d'équipement ainsi par l'énergie avec respectivement 8,19 % ; 7,46 % et 8,54%. Les deux dernières représentent la reconstruction du pays et de son économie ; quant à la première, elle symbolise la fièvre de consommation et d'évasion qu'incarne la voiture; la branche est tirée aussi par les exportations.

Le taux pour l'ensemble des activités se réduit à 4,5 % pour les années 1970-75, et à 3,18 % pour 1975-80. Et le taux tombe à 1,44% à la fin des années 1980.

LE CHEMINEMENT DE LA CROISSANCE SECTORIELLE

Tableau F2 : Croissance sectorielle réelle en %

	49-60	**60-70**	**70-75**	**75-80**	**80-85**	**85-90**	**90-95**	**95-00**	**00-09**
Agr	0,1	,7	0,9	4,5	4	2,6	0,5	2,4	0,4
Alim	-2,2	9,7	1,7	3,1	1,2	1,6	0,1	0	-0,4
B con	4,9	6,4	3,8	2,5	0,9	1,1	-0,3	2,3	0,7
Auto	7,3	9,2	2,6	3,3	-2,3	3,9	-1	8,7	-5
BE	7,2	7,8	5,1	4,6	3,1	4	1,9	6	1
B Int	6,3	6,5	2	3,5	1,1	1,6	0,8	3	-1,9
Energ	9	8,1	10,4	0,5	-5,6	3	2,8	1,6	1,7
Constr	5,2	6,7	3,9	0,4	-1,5	4,2	-1,4	-0,2	0,8
SPM	4,6	6,6	5,4	4,1	2,3	4	1,4	3,9	1,7
A Fin	5,8	6,5	9,3	4,6	4,5	2,2	-0,2	3,4	2,4
A Im	4,1	7,6	5,3	5	3,2	2,7	2,1	3,1	2,2

Sur toute la durée, les croissances ont été (en %) :
2,4 ; 1,7 ; 2,9 ; 3,3 ; 4,8 ; 2,9 ; 4,2 ; 2,6 ; 3,9 ; 4,5 et 4,1 %.

Les biens d'équipement sont produits par la France d'abord pour ses propres besoins, au sortir de la guerre ; ils sont destinés ensuite à l'exportation : leur croissance est la plus soutenue même lorsque son niveau fléchit au début des années 1990 et depuis 2000. La branche tire les industries. C'est en deuxième lieu la branche auto qui performe sur la durée mais son taux est négatif au début des années 1980 avec le second choc pétrolier, au début des années 1990 mais surtout depuis 2000. Biens intermédiaires et biens de consommation ont une performance identique sur la durée mais ces derniers sont plus volatiles.

Les industries alimentaires et agroalimentaires n'ont qu'une faible performance sur la durée, mais surtout 1980, la seule période faste correspond aux années 1960. Ceci est paradoxal pour le pays qui nourrit l'Europe et émarge à l'essentiel des subventions de la zone. La branche construction n'a repris du souffle une fois passées les trente glorieuses que momentanément à la fin des années 1980.

Les SPM ont connu une croissance soutenue qui n'a fléchi qu'à la fin des deux dernières décennies. Les affaires financières y occupent une place de choix jusqu'en 1985. Le rythme de cette branche faiblit dans les dix dernières années François Mitterrand pour reprendre avec Jacques Chirac.

INFLATION DES VALEURS AJOUTEES

Tableau F 3 : Inflateurs de la croissance par secteur (en %)

	49-70	70-75	75-80	80-85	85-90	90-95	95-00	00-09
Agr	6	5,8	3,2	5,1	2,4	-2,2	-1,8	-2,5
Alim	5,5	11,6	1,3	10,4	2,8	1,6	1,6	0
B con	ND	10	8,8	5,3	1,5	0,9	-2,8	-3,9
Auto	8,3	10,4	12,4	6,9	7,4	3	-2,6	1,2
BE	ND	9,4	5,7	7,9	-0,3	-3,2	-2,7	-6,8
B Int	ND	12,1	9,3	9,4	4,8	2,4	3	3
Energ	ND							
Constr	9,8	9,1	12,3	7,6	3,5	1,2	2,1	5
SPM	9,2	2	2,2	2,1	0,9	0,5	0,2	2,3
A Fin	10,5	2	1,3	2,4	1	0,2	0,4	0,7
A Im	-2	3,4	6	8,9	11,9	13,8	14,9	17

Un inflateur négatif signifie que l'opérateur économique est réduit à faire un effort en matière de prix pour maintenir son activité au niveau considéré ou peut comprimer les coûts par unité d'œuvre. A contrario, un inflateur élevé reflète la situation dans laquelle l'opérateur peut appliquer une hausse des prix à son bien ou son service : il prélève un superprofit et contribue alors à la hausse des prix de consommation sur le marché domestique.

Le tableau précédent montre que les produits agricoles et les biens d'équipement ont supporté une baisse de rémunération de facteurs pour pouvoir maintenir, depuis 1990, le niveau d'activité réalisé. Automobiles et biens de consommation ont dû consentir le même effort depuis 1995. Ce sont des activités exportatrices ; cela veut dire que, sans préjudice des subventions accordées à l'agriculture, le pays n'a pu maintenir le niveau des exportations des produits du secteur et d'emploi que parce que les producteurs ont consenti une baisse de rémunération de(s) facteurs de production. A contrario, la construction a pu prélever une valeur ajoutée dopée par les prix jusqu'en 1985 et depuis 2000. Ce sont les affaires immobilières surtout qui s'approprient des richesses croissantes depuis le milieu des années 1970. Ceci explique, d'ailleurs, au moins en partie cela. La location a écumé plus de 93 % de la valeur ajoutée de la branche.

Les activités financières se caractérisent par la modération de leur croissance surtout à prix courants : cela reflète un marché concurrentiel depuis l'ouverture et la désintermédiation ; la modération de l'inflateur de la branche procède aussi de la modernisation des méthodes de gestion par les IT et des efforts de réduction spécifique des coûts, selon M. Aglietta. Le cheminement de la croissance obéit à un trend qui profite au secteur tertiaire, comme le fait ressortir le tableau F4 : les services aux entreprises augmentent fortement en relation avec la nouvelle articulation des activités, et le commerce prélève des marges en hausse. C'est la baisse sensible de la part de l'industrie qui ressort nettement.

REPARTITION SECTORIELLE DES VALEURS AJOUTEES

Les activités traditionnelles laissent place aux services :

Tableau F4 : Part relative des VA à prix courants (en % du total)

	1949	1960	1970	1980	1990	2000	2009
Agriculture	23,8	16	10,2	6	5,2	3,6	2,3
Industries	30,7	32,7	29,8	29,3	25,5	22,5	16
Dont Energie	2	3,7	3,1	4	2,9	2,5	2,3
Construction	6,6	8	9,8	9,7	8,2	6,6	8,3
SPM	38,9	43,3	50,2	55	61,1	67,3	73,4
Dont comm	14,8	14,6	13,8	13,6	14	13,4	13
Dont AF	2,9	3,8	4,7	5,5	6,7	6,5	6,6
Dont immobili	4,4	6,5	9,9	10,5	12,8	15,6	18,9

L'évolution qui ressort du tableau a, en gros plan, la même allure que celle observée pour les Etats Unis : réduction de la part de l'agriculture à une portion congrue et diminution dans les mêmes proportions ici comme là des industries, énergies comprises. Les SPM envahissent l'espace des activités privées.

L'évolution montre que :

- l'agriculture ne représente plus que 1/10 de sa part en 1949, après avoir perdu plus de 20 points de pourcentage sur la période ;
- la part de l'industrie est divisée quasiment par deux pour ne plus représenter que légèrement plus de 1/6 du total des VA ;
- la branche construction conserve sensiblement sa part relative en dépit de sa volatilité ; sa part reste même supérieure à celle des Etats Unis ;
- les SPM (services principalement marchands) doublent presque leur part et finissent par dominer largement le PIB ; l'immobilier y occupe une place prépondérante.

L'activité immobilière occupe un espace très important dans les services principalement marchands. L'évolution de sa part relative entre pour 40 % dans celle des SPM au point que cette part devient plus importante que celle du commerce et même que celle des industries hors énergie ! Elle a dépassé le premier en 1980 et déclassé les industries en 2009. Mais, la branche immobilière n'altère pas l'économie française comme les finances et assurances endommagent celle des Etats Unis. L'activité comprend celle des marchés de biens immobiliers, la location et l'exploitation de biens immobiliers, les opérations des agences immobilières et l'administration de biens immobiliers.

La NAF rév. 2 de l'INSEE l'inclut dans la construction avec effet en 2008 ; mais, les chiffres de l'INSEE continuent à la faire apparaître séparément pour 2009. Il s'agit là d'une singularité française : de 1959 à 2009, l'épargne financière des ménages n'est que de 5,2 % du revenu disponible brut alors que le taux d'investissement en logements, à savoir la FBCF des ménages rapportée au RNB s'élève à 9,2 %. Les revenus de la propriété reçus diminués des revenus versés représentent 9,44% du revenu disponible brut des ménages entre 1949 et 2009.

Cela atteste d'un engouement certain pour les biens immobiliers. Comment expliquer une part aussi élevée des affaires immobilières dans les richesses créées ? Les transactions immobilières couvrent tous les types de biens résidentiels et autres, terres et constructions. Pour le résidentiel, elles doivent porter surtout sur les propriétés de standing. Location, exploitation et administration concernent quant à elles, surtout le résidentiel de standing élevé.

Les Français sont des épargnants et sont portés sur la terre et la pierre. L'accès à l'une et à l'autre suppose des revenus très élevés et, au besoin, un accès facile aux prêts hypothécaires. Il faut souligner aussi que :

- L'appartenance à la communauté des propriétaires terriens et immobiliers est culturellement considérée comme signe de haut rang social ; l'histoire séculaire laisse encore des traces ;
- L'investissement immobilier est un placement sûr qui préserve de l'érosion monétaire ; les comportements en la matière ne semblent pas avoir évolué avec la monnaie unique. On peut même supposer que l'engouement est plus important, avec une part élevée des étrangers avec l'arrivée des oligarques et autres riches des pays émergents dans l'immobilier de luxe.

Mais tout ceci n'explique pas l'appropriation toujours plus élevée de richesses créées dans l'économie par les prestations liées à l'immobilier. L'appropriation sectorielle différenciée par secteur à prix constants est déjà le résultat d'une rémunération plus ou moins élevée en fonction du rapport de forces dans lequel s'exerce tel ou tel métier mais aussi des évolutions des productivités des facteurs. Pour les affaires immobilières, elle est exacerbée par le facteur prix.

La part du commerce était au même niveau, au départ, aux Etats Unis et en France. En 2009, elle n'est plus que de 8,7% aux USA mais de 13% en France. Ici, les grandes surfaces ponctionnent les valeurs ajoutées au détriment de la production. Nicolas Sarkozy s'est investi quand il était chargé du ministère de l'économie pour réduire la ponction par la distribution mais sans résultat. La marge de distribution est la moitié du prix final au consommateur. On a, là, une situation opposée à celle de la Suisse, comme on le verra.

Quant aux activités financières, parties d'un niveau plus haut en France, avec 2,9 % qu'aux Etats Unis (2,4 %), elles ont vu leur part passer à 6,6 % en France pour 8,4 % aux Etats Unis. Leur part relative est atténuée par l'explosion des affaires immobilières, dont la part a triplé dans le total des valeurs ajoutées et équivaut presque au total de commerce et activités financières réunis !

LES EFFECTIFS SE REDEPLOIENT

Tableau F5 : Effectifs absolus (milliers) et variations relatives (% dans total)

	1990	1995	2000	2008	2008/1990
Agriculture	242	280	307	260	18
En %	1,7	2	1,9	1,6	-0,1
Industries	3964	3541	3592	3122	-842
En %	28,3	25,1	22,6	18,8	-9,5
Construction	1361	1204	1243	1477	116
En %	9,7	8,5	7,8	8,9	-0,8
Tertiaire	8431	9399	10354	11446	2715
En %	59,3	66,6	65,1	68,8	9,5
Aff financ	734	718	741	819	85
En %	5,3	5,1	4,7	4,9	-0,4
Aff immo	256	255	257	211	-45
En %	1,9	1,8	1,6	1,3	-0,6

L'évolution saillante concerne le tertiaire dont l'effectif augmente de près du 1/3 en 20 ans. Il gagne près de 10 % dans l'effectif total. Dans ce secteur, les affaires financières augmentent leur effectif de seulement 85 milliers de sorte que sa part relative diminue de 0,4% dans le total. Les affaires immobilières enregistrent une baisse des effectifs de près de 40 % mais cela n'affecte en rien la dynamique. La construction connaît une forte croissance des effectifs et ce, à la faveur d'une conjoncture porteuse de 2000 à 2008. L'agriculture a stabilisé ses effectifs sur la période.

La France ne connaît pas une déformation de la structure de son emploi aussi puissante que les Etats Unis. Il n'empêche: les années récentes enregistrent une accélération de la tendance aussi bien pour les baisses – dans l'agriculture et les industries – que pour les hausses (construction et surtout tertiaire). Est-ce le fait de la seule tertiarisation rampante ou cela préfigure-t-il une perte de substance de l'industrie, laquelle a constitué la base de l'essor économique et social du développement des pays avancés et, aujourd'hui, celui des pays émergents ?

TERTIARISATION DES ACTIVITES PAR LES EMPLOIS

Nous avons vu que le processus de tertiarisation des activités par la part des valeurs ajoutées a lieu en France comme aux Etats Unis : l'agriculture n'entre plus que pour 2,3 % et l'industrie hors énergie pour 16 %, dont énergie 2,3 % ; mais, il n'a pas encore laminé les effectifs de l'industrie comme aux Etats Unis. Entre 1989 et 2008, le secteur industriel a perdu plus de 21% de ses effectifs. La part de l'emploi industriel dans le total en 1989 en France est identique à celle des Etats Unis de 1948 ; celle de 2008 se rapproche de celle des Etats Unis de 1980. Donc, l'évolution observée aux Etats Unis sur une période de 32 ans (1948 à 1980) est en mouvement en France et s'est réalisée en moins de 20 ans, avec 20 ans de retard. Ce mouvement a-t-il vocation à continuer ? C'est le débat sur la désindustrialisation en France, qui n'existe pas aux Etats Unis.

Seule la branche des biens alimentaires augmente faiblement ses effectifs de 1989 à 2008 ; les autres branches ont réduit les leurs, surtout les industries de consommation et de biens intermédiaires. Même la branche automobile a réduit ses effectifs. Les indices des effectifs en 2008 par rapport à 1989 sont éloquents :

- 0,908 pour les industries auto ;
- 0,844 pour les biens d'équipement et ce, malgré un taux de croissance annuel moyen de 3,3 % ;
- Et seulement 0,323 pour les biens intermédiaires et de consommation ;
- Seules les industries alimentaires maintiennent les effectifs.

Une croissance moyenne annuelle composée de 1,572 % sur toute la période et un gain associé de productivité du travail moyen de 2,75 % n'ont pas mis les activités de transformation industrielle à l'abri de fortes réductions des effectifs. Mais est-ce parce que la demande globale des produits industriels a baissé ? La balance des échanges industriels est susceptible d'éclairer le débat.

C. DES EQUILIBRES EXTERIEURS FRAGILISES

La France reste très fortement dépendante de produits énergétiques malgré son parc de centrales nucléaires. Aussi, convient-il d'isoler l'énergie dans l'approche de sa compétitivité extérieure. Dans ce qui suit, on s'intéressera au seul commerce des produits en relation avec la logique du présent livre.

Tableau F6 : Excédents cumulés du commerce extérieur en milliards d'Euros

	1949-2009	1980-1989	1990-1999	2000-2009
Agriculture	41,4	16,1	23,3	19,1
Ind aliment	136,9	15,3	56,3	64,3
B de Consom	-153	-31,3	-43,8	-84
Auto	178,9	32,6	56,3	61,7
Biens d'équip	192,1	46,3	50,1	74,4
Biens interm	-105,2	-16,6	-26,2	-74
SPM	-64,2	-19,9	-29,5	-15,1
Ind hors En	2498	46,3	92,8	42,4

Pour l'ensemble des industries hors énergie, les soldes ont évolué en cloche comme celui de l'agriculture. Les branches alimentaires et biens d'équipement, et l'auto renforcent leurs excédents, alors que celles des biens de consommation et des biens intermédiaires aggravent leurs déficits avec le temps. Le tableau dégage des biens spécifiques et des positions fragiles, et les trois dernières décennies confirment la tendance longue :

- La France est un pays agricole : ceci est confirmé mais les soldes de la dernière décennie restent modestes, d'autant que les prix à la production continuent de baisser ; la PAC contraint-elle les flux d'exportation ? Les excédents agricoles trouvent leur prolongement dans ceux des industries alimentaires ;

- La France a, en dehors des produits agricoles à l'état brut ou transformés, deux biens spécifiques : l'auto mais plus encore les biens d'équipement.

Les branches auto et alimentaire ont réalisé des performances dans les échanges extérieurs. Cependant, une baisse de compétitivité de l'automobile se profile en 2008 et 2009 ; elle semble provenir de l'augmentation des prix. En 2010, la croissance de cette branche (1,5 %) serait principalement liée à la prime à la casse et représente 25 % de la croissance (6 %) des industries. L'auto reste donc dans les turbulences. La branche ne subit-elle pas l'effet de la monnaie unique ? Elle semble pâtir du modèle de sous-traitance auquel recourt l'Allemagne avec les pays de l'Est. Seule l'industrie des biens d'équipement et, à un degré moindre, celle des biens de consommation sont encore croissantes depuis l'arrivée de l'Euro. Mais la balance de cette dernière ne cesse de se détériorer.

Les biens d'équipement renforcent leur compétitivité grâce à la maîtrise des coûts de production : l'inflateur de cette branche est négatif depuis 1985 et il ne cesse d'augmenter en valeur absolue. La maîtrise des coûts réussit moins aux biens de consommations, n'empêchant pas l'aggravation régulière des déficits extérieurs depuis 1976 de cette branche. Comme s'aggrave celui des biens intermédiaires ces dernières années. L'énergie amplifie les déficits de la balance commerciale des industries : 255 milliards sur un total de 275 milliards d'Euros depuis 2004. La récession (-5 % en moyenne par an) de l'industrie automobile depuis 2000 suscite des interrogations : la balance extérieure pour le produit n'est devenue négative qu'en 2008 et ce, après de forts excédents depuis 2000. C'est

la demande locale qui a chuté, son soutien suffit-il pour sauver la branche, devenue l'une des plus volatiles.
C'est moyennant une baisse des prix courants de 1,8% en moyenne annuelle que la valeur ajoutée agricole réelle a pu croître de 2,5 % en relation avec une diminution de la TVA depuis 2000.

La baisse des prix est encore plus forte pour les industries de biens d'équipement (3,2 % en moyenne) pour une croissance en volume de 1,9 % par an au début des années 1990. Y a-t-il un lien de causalité entre ces deux taux, la branche des biens d'équipement étant la seule, dans l'industrie, à avoir connu une telle croissance ?

C'est sans doute ce qui a permis à la France de renforcer l'excédent commercial de la branche ; après des déficits de 1988 à 1991, elle a enregistré régulièrement des excédents : importants dans les années 1990, ils ont décliné ces dernières années, malgré une baisse des prix des valeurs ajoutées de la branche pour 2000 à 2009 au rythme de 6,8 % par an en moyenne.

La balance commerciale extérieure est quasiment déficitaire depuis 1999 et les déficits dépassent régulièrement 100 milliards d'Euros depuis 2007 ; les services ne compensent que plus partiellement les déficits des biens, ce qui pose le problème de la soutenabilité des échanges extérieurs. Ce n'est pas seulement dans les activités de transformation que la France perd du terrain. Sa balance extérieure des services était excédentaire dans le passé. L'évolution récente de cette balance montre que la compétitivité du secteur s'essouffle. C'est dire que la tertiarisation est peu compétitive.

A la contreperformance de la balance extérieure des biens s'ajoute celle des services domaine historiquement dynamique au point que la balance des services est négative depuis 2004, sauf léger excédent en 2008. La balance des biens et services cumule un total de déficits de 243 milliards d'Euros de 1996 à 2009, et même 268 milliards de 2005 à 2009 seulement. Une question s'impose : le pays est-il en mesure de rééquilibrer sa balance commerciale sans un ajustement de change ?

La dérive de la création des richesses et de l'emploi vers le tertiaire ne permet pas au pays de soutenir la compétition : il doit puiser dans ses réserves pour couvrir achats à l'étranger de biens et mais aussi de services. Transports et services aux particuliers sont structurellement déficitaires et leurs soldes ne cessent de s'aggraver ces derniers temps pour le transport. Donc, la question de la soutenabilité des déséquilibres extérieurs émerge comme un sérieux problème pour le pays, avec un déclassement dans la compétitivité internationale.

Tableau F7 : Taux de couverture des imports par les exports en volumes

	1996	2000	2005	2009	Indice (*)
Agriculture	113,9	126,6	120,8	102	0,896
Industries	106,8	101	95,4	86,6	0,81
Ind alim	135,9	134,9	122,5	110,5	0,81
B Consom	92,1	86,6	78,8	72,5	0,79
Auto	120,1	126,8	129,3	94,9	0,79
B E	123,5	110,3	93,2	87	0,79
Int	99,5	93,4	94,9	91,3	0,92

Le tableau montre qu'aucune activité n'a échappé à la baisse du taux : il y a déclin de toutes les industries et de l'agriculture ; le pays couvre des parts de plus en plus importantes de ses besoins, y compris pour les produits de la terre, par des importations. En 2009 l'agriculture assure à peine plus du simple équilibre des échanges !

La France, qui capte l'essentiel des fonds de la politique agricole commune, risque d'être bientôt, si le trend continue, en situation de déficit dans ses échanges extérieurs. Et l'évolution est telle qu'elle risque de devenir dépendante des importations pour l'ensemble du budget alimentation.

Evolution significative de ce que pourrait être la dépendance alimentaire de l'espace européen.
Le secteur secondaire est encore plus mal logé : au cours des treize dernières années, son taux global de couverture a baissé de plus de 20 points de base et aucune des branches ne fait exception dans ce mouvement général de baisse ; seul le taux de diminution diffère d'une branche à l'autre. Le mouvement est quasi linéaire sauf pour l'auto qui a eu un sursaut au début de la décennie 2000 ; mais, la chute qui s'en est suivie n'en a été que plus brutale. Sauf pour 2008 et 2009, la demande mondiale des produits industriels a pourtant été soutenue.

Même la branche des biens d'équipement, dont on a vu qu'elle a enregistré le taux de croissance le plus élevé de 1989 à 2008 (3,3% par an), a connu une chute du taux de couverture, et c'est même la plus importante : l'indice a perdu 30 % et les exportations ne couvrent plus que 87% des importations. A prix constants, les échanges de biens d'équipement sont eux aussi en perte de vitesse.

La contreperformance des taux de couvertures en volume ci-dessus signifie que la demande globale (production locale et importations) augmente à un rythme qui dépasse la capacité de l'appareil local de production à s'adapter. Le potentiel industriel n'a pas été assez compétitif pour répondre aux besoins locaux de sorte que le gap fut couvert par des importations additionnelles. A fortiori, ne pouvait-il pas améliorer sa position à l'export. La France est défavorisée par les niveaux de prix avec lesquels elle participe au commerce mondial des biens. Les performances déclinantes des exportations industrielles sont imputables au tissu industriel, mais également à l'inefficacité des institutions et organismes de soutien à l'export : dans le tissu industriel des PME, seules 90000 exportent et seules 54000 le font de façon régulière ; services publics et institutions d'export n'arrivent pas à se mobiliser de concert : les uns les autres se livrent des

querelles de chapelle, contrairement à l'efficacité allemande qui est légendaire dans ce domaine.
Résultat : il y a une véritable dépopulation industrielle française, le nombre des acteurs ayant fortement baissé.
Mais, ce mouvement implique-t-il une perte définitive de capacités de production ? L'évolution augure-t-elle d'un mouvement général de fond dans le sens de la désindustrialisation du pays à laquelle échappent pour l'heure les rares secteurs d'équipement et de transport ? Pourquoi malgré la dépopulation, le taux d'utilisation des capacités industrielles s'est-il limité à 79 % en 2010, année de déstockage ? Et pourquoi la France accuse-t-elle ce mouvement de baisse de sa compétitivité dans ce secteur vital ? L'économie française a la particularité de ne connaître d'accroissement des richesses créées que dans le contexte historique de dépréciation de la monnaie et ce, jusqu'à l'arrivée de l'Euro. Elle ne pouvait, alors, pas ne pas en subir les contrecoups dans la monnaie unique. L'examen de la productivité des facteurs apporte-t-il des enseignements ?

D. LA PRODUCTIVITE DES FACTEURS

PRODUCTIVITE DU TRAVAIL

A prix constants, la productivité du travail a évolué comme suit en moyenne annuelle :

Tableau F8 : Evolution de la productivité du travail à prix constants (en %)

	1990-1995	1995-2000	2000-2008	1989-2008
Agriculture	-2,46	0,59	2,07	0,38
Industries	2,88	3,16	2,41	2,75
Constructions	1,02	-0,77	-0,42	-0,22
Affaires fin	0,24	2,77	0,96	1,34
SPM	-0,05	2,41	0,57	1,053

La productivité du travail dans la construction a fortement baissé entre 1995 et 2000 et reste négative mais avec une valeur absolue qui s'atténue après 2000. Elle est négative de 1989 à 2008. Le taux de croissance pour la branche sur toute la période, (-0,22 %) en moyenne annuelle signifie que le travail y est de moins en moins efficace : il y a baisse de la

production en prix constants, ce qui reflète un accroissement d'effectifs supérieur à celui de la richesse créée.
La productivité du travail dans l'industrie a réalisé les meilleures performances sur l'ensemble des secteurs avec une pointe de 3,16% dans la période 1995-2000. Le taux moyen de 2,75 % sur la période 1989-2009 procède d'une croissance en volume de la valeur ajoutée de 1,57% et de la réduction d'effectifs du secteur. La productivité du travail pour l'industrie atteint 68600 € en 2008.

Malgré un taux de croissance composé limité à 1,34 % par an, la productivité dans les affaires financières a tiré vers le haut celle de l'ensemble des SPM, dont la croissance de la productivité du travail reste balbutiante, sauf durant la période 1995-2000, celle de la diffusion des nouvelles technologies. L'évolution de la productivité du travail aurait dû renforcer la compétitivité des industries françaises. Mais celle-ci dépend de la productivité de l'ensemble des facteurs qui entrent dans le processus de production : la productivité multifactorielle.

PRODUCTIVITE MULTIFACTORIELLE

La productivité multifactorielle fait intervenir le travail, le capital et un facteur tiers, le progrès technique. Pour les 3 pays du panel, les chiffres de la PMF à prix constants se présentent comme suit

F9 : Variation de la productivité multifactorielle (en %)

	1985-90	**1990-95**	**1995-00**	**2000-05**	**2005-09**
Suisse	0,9	1,8	0,4	02	1,7
France	2,5	1,1	1,4	0,8	-0,5
Etats Unis	0,7	0,7	1,5	1,6	0,7

L'indicateur donne à prix constants la différence entre les taux de variation des outputs et les taux de variation des intrants (travail et capital) La productivité multifactorielle est élevée, en France, dans les années 1990, mais franchement médiocre depuis 2000 et même négative depuis 2005. Pourtant, la productivité du travail a réalisé de bonnes

performances, à l'exception de la construction qui a enregistré une baisse sur la longue période et depuis 2000.
La chute de productivité multifactorielle pour les dernières années constitue, en France, une évolution qui ne peut s'expliquer que par des productivités du capital franchement médiocres ou négatives et/ou un facteur progrès technique négatif médiocre ou négatif. La période n'est pourtant marquée ni par des taux d'utilisation des capacités très différents des périodes précédentes ni par des taux de formation de capital fixe atypiques. La productivité du travail à prix courants peut-elle aider à expliquer les pertes de performances des industries françaises sur la dernière décennie ?

PRODUCTIVITE DU TRAVAIL A PRIX COURANTS

Calculée en tant que ratio entre valeur ajoutée à prix courants et effectif employé, la productivité du travail se présente ainsi :

Tableau F10 : Productivité du travail à prix courants de la VA et indices

	1989	**1995**	**2000**	**2005**	**2008**	**2008/1989**
Agriculture	154,5	126,9	119,4	122,4	137,5	0,89
Industries	45,2	56,8	63,5	70,3	76,1	1,68
Construction	43,1	50,1	53,6	64,7	78,9	1,83
SPM	59,2	70,7	76,3	90,6	101,3	
Affaires fin	70,4	72,0	89,6	92,7	98,9	1,41

La rémunération de l'unité de travail dans le processus de création des richesses a évolué en dents de scie dans l'agriculture ; le statut de l'agriculture est particulier : les travailleurs y sont souvent en même temps exploitants et, de plus, les prix y sont fortement soutenus. L'indice de rémunération à prix courants est de 0,89 pour la période dans l'agriculture. Celui des productivités des industries est près du double et celui de la construction dépasse le double.

L'évolution négative de la productivité multifactorielle globale ces dernières années ne s'explique pas, non plus, au regard de la part relative du coût du travail dans la valeur ajoutée. Pour l'économie dans son ensemble, elle occupe une place intermédiaire entre les chiffres observés en Suisse et ceux observés au Etats Unis : 80 % pour la période 2005 à 2009 pour 79,9% en Suisse et 81,9 % aux Etats Unis. La rémunération des salariés n'a donc pas pesé sur la valeur ajoutée davantage en France que dans les deux autres pays.

La productivité du travail à prix courants a augmenté de 2,41% en moyenne annuelle pour les industries de 2000 à 2008 en France. La valeur ajoutée des industries à prix courants a augmenté au taux de 2,29 % l'an. A productivité du facteur capital donné, un niveau de rémunération du travail ne peut être évidemment supporté que si la valeur ajoutée est flexible à la hausse et pas totalement contrainte en aval, ou alors si le capital accepte un niveau de profit inférieur.

Il est dans l'ordre des choses que les Etats Unis soient, avec une part de salaires plus élevée dans les valeurs ajoutées, en situation de perte plus avancée de la capacité de production que la France. Mais aux Etats-Unis, le coût du travail de l'ensemble des activités dissimule des différences importantes dans les rémunérations : la productivité en valeur ajoutée courante dans les industries durables en 2008 était de 55 % celle des finances et assurances et celle des industries non durables de 76 %.

La baisse de la productivité multifactorielle procède d'une contrainte : l'incapacité des activités à développer un niveau de production en harmonie avec la productivité du travail. Faut-il faire l'ajustement par le haut en agissant sur les autres facteurs ou le faire par le bas en diminuant les effectifs afin d'augmenter la rémunération du capital ? La logique du capital libéral est de sacrifier les travailleurs pour de plus grands bénéfices. C'est une efficacité inférieure du capital mis en œuvre qui a entraîné un impact négatif sur la productivité multifactorielle pour la période 2005- 2009. Le potentiel n'a pas été utilisé au maximum de ses capacités de sorte que l'efficacité marginale du capital est négative.

Les salaires n'interviennent pas directement dans la productivité du travail ; ils impactent le coût de production et, donc toutes choses égales par ailleurs, le prix auquel le produit pourra être offert sur le marché, toutes choses égales par ailleurs. La décision appartient au détenteur du capital. Si celui-ci exige un taux de profitabilité élevé alors que la valeur ajoutée est fortement contrainte en aval par les prix – ce qui est toujours le cas – alors il va limiter le niveau d'activité.

Comment l'économie française a-t-elle réagi au marché ? A quels ajustements a-t-elle procédé ? L'industrie est le point nodal de notre démarche.

E. LA FRANCE ET LA STRATEGIE DU CAPITAL MONDIAL

LES INVESTISSEMENTS DIRECTS ETRANGERS

L'industrie peut être considérée comme le secteur de prédilection des IDE (investissements directs étrangers) : elle comprend de fait, une bonne part des IDE dans les 2 sens. En l'absence de données précises, il nous faut utiliser les chiffres globaux de l'INSEE : le stock d'IDE français à l'étranger en 1993 n'excédait que de 21,3 milliards d'Euros les IDE étrangers en France.

Ce solde est passé à 38 milliards en 1997 et 199 milliards en 2000. Il a atteint 291 milliards en 2008 : les opérateurs économiques résidant en France ont augmenté leurs stocks d'investissements depuis 1993 de 855 milliards alors que les étrangers n'ont augmenté leurs investissements en France dans le même temps que de 564 milliards.

Les IDE doivent être hautement profitables ; le capital ne migre que s'il est plus profitable là où il va. La France a davantage subi l'hémorragie des IDE qu'elle n'en a profité au cours de la dernière période. Le solde net des IDE français à l'étranger a baissé de 242 milliards d'Euros en 2001 à 150 milliards en 2004 ; le mouvement s'est inversé depuis : le stock net est passé à 311 milliards en 2008. L'étranger profite de l'efficacité de ses capitaux. Avec la Suisse, la balance est, à fin 2008, quasiment à l'équilibre, avec un léger avantage en faveur de la France.

Les flux d'IDE sont de bons indicateurs du climat des affaires et des anticipations de profitabilité des opérateurs dans les divers espaces géographiques nationaux. Il faut considérer que les opérateurs français sont les premiers à prendre acte de la faible compétitivité des facteurs de production de leur pays et du climat d'affaires qui y règne.

Ce constat reste avec un point d'interrogation si on compare le revenu national brut et le produit intérieur brut. L'excédent du revenu national brut (RNB) sur le produit intérieur brut (PIB) qui mesure les revenus du capital reçus de l'étranger diminués des revenus du capital versés à l'étranger ne suit pas la courbe des flux d'IDE vers et à partir de la France : si l'excédent (RNB–PIB) double en 1999 et reste sensiblement inchangé jusqu'à 2001, le chiffre baisse fortement en 2002 et demeure insignifiant jusqu'en 2005. Faut-il alors comprendre que la rentabilité des IDE français à l'étranger a diminué ou, au contraire, que simplement les bénéfices ne sont pas déclarés ? Mais cela signifierait, dans ce dernier cas, que les IDE réels sont supérieurs aux IDE recensés.

La dérive de l'industrie par les flux des IDE est corroborée par l'accélération des pertes d'emplois dans l'industrie ; en effet, l'on peut noter que pour la période 1989-08 :

- l'industrie a, au total, perdu 470000 emplois de 2000 à 2008, après avoir perdu 365000 postes de travail de 1989 à 2000 ;
- le dépeuplement a concerné 17000 emplois durant les années 2000 dans les biens alimentaires alors que durant la décennie précédente, la branche avait gagné 15400 emplois ;
- la branche biens d'équipement perd 24100 emplois entre 1989 et 2000 et 71000 emplois de 2000 à 2008 ;
- la branche auto a perdu 21000 emplois dans les années 2000 après une perte de 17800 emplois dans la décennie précédente.

La contre préférence nationale a contribué à la perte de substance de l'industrie ; est-ce pour autant une perte définitive de capacités ? Dans la France qui a fait les frais des délocalisations, le contexte est-il propice à un regain d'activités important ? Leur effet constitue un nouveau choc après celui résultant de la perte par la France de son marché colonial totalement captif.

La société COE-Rexecode souligne, dans le rapport qu'elle a livré sur demande, que l'Allemagne a eu une stratégie plus avisée des relocalisations : elle réorganise, avec ses voisins de l'Est, la chaine des valeurs pour ne pas perdre la maîtrise des industries qu'elle redistribue géographiquement. Cette société pointe le niveau élevé des charges sur rémunérations qui arrivent à dépasser 50 % au 3ème trimestre 2010. Alors qu'elles augmentent en France, elles baissent en Allemagne à 27,5 % de ce qu'elles représentent en France. Ce qui aurait fait perdre, selon cette société, l'avantage comparatif prix qui caractérisait la France ; on peut dire aussi que la France est handicapée par son incapacité à se battre sur les mêmes standards de qualité que l'Allemagne. Cette mise à l'index des niveaux élevés de rémunérations procède certainement d'informations pointues. Au niveau des moyennes que nous avons traitées, nous avons noté que les industries n'ont pas été handicapées par les niveaux de salaires.

La France est privée, depuis vingt ans, du moyen silencieux mais privilégié auquel elle avait historiquement l'habitude de recourir : la gestion de sa monnaie. Le pays a connu 17 dévaluations de 1914 à 1989 : l'ancien Franc ne représentait plus que moins de 1 % de la valeur du Franc or de 1914. Les décisions d'ajustement de parité monétaire qui ont parfois été le fait de guerres totalisent vis-à-vis de la monnaie allemande : 28,8 % entre 1949 et 1959 ; 25,7 % entre 1959 et 1969 ; 33,9 % de 1969 à 1979 et 30 % de 1979 à 1989. Les mesures récurrentes d'amaigrissement du Franc nouveau ont été aussi fréquentes et élevées que celles qui avaient affecté l'ancien Franc. Ces dernières se superposaient, jusqu'à 1958, à 100 ans de protectionnisme, comme le souligne le général De Gaulle dans son « Mémoires d'espoir – Le renouveau ». Avant d'être élu président, le plan de redressement qu'il a mis en œuvre avec une dévaluation à la clé, a sauvé le pays de la banqueroute. Si les mesures d'ensemble prises alors ont mis fin à la protection de l'économie, la monnaie n'a pas acquis pour autant « *une valeur immuable, non point proclamée en France ... mais aussi reconnue par l'étranger.* »[17]

Même l'enforcement du Franc qui visait à provoquer le choc psychologique de sortie de l'ancien Franc n'a produit qu'un effet limité sur la respectabilité de la monnaie : dès 1969, le pays renoue avec les dévaluations. La France s'est montrée incapable au XXème siècle de surmonter le mal de l'inflation qui rongeait son économie – aux performances perfectibles – et de la politique financière qui était censée prendre en charge le caractère désordonné de l'économie. Ce caractère a été accentué par les mesures indécises que les gouvernements socialistes ont engagées entre 1981 et 1983, et dont la générosité s'est heurtée à la résistance implacable du monde de l'argent.

---

[17] Mémoires d'espoir – Le renouveau : p. 151.

L'Euro le contraint d'autant plus à des moyens d'ajustement non monétaires que le pays fait face à plusieurs concurrents : celui de toujours – l'Allemagne avec laquelle la compétition s'est toujours jouée sur le terrain de la qualité et les nouveaux, asiatiques. La Chine a des atouts d'un autre ordre : la masse inépuisable de sa main d'œuvre et sa monnaie calée sur le Dollar US ; au-delà des fluctuations, celui-ci a fortement baissé face à l'Euro. De sorte que la France est coincée à l'intérieur de la zone Euro et en dehors : elle doit, alors, se battre sur deux fronts totalement opposés ; elle semble démunie à l'égard de l'un comme de l'autre. D'autant que des partenaires asiatiques qui sont des compétiteurs redoutables, sont entrés dans la stratégie de la régionalisation du Yuan chinois et tirent profit de la gestion quasi administrée de cette monnaie. En 2010, la France aurait amélioré, selon son ministre du commerce, ses échanges avec les pays émergents ; la Chine est-elle comprise dans l'appréciation ?

Le processus de diminution des activités industrielles, qui était déjà en cours, s'est accéléré au cours des années 2000 avec le rythme des IDE à l'étranger. En janvier 2011, le président de la BCE a invité la France à renforcer son potentiel de croissance par des réformes structurelles. Dans le droit du travail, la France effraie les investisseurs par les débrayages répétés des activités qui affectent les activités. Elle doit donner des gages de fréquentabilité.

Mais la France n'est pas dans la situation des Etats Unis, dont les puissants acteurs financiers ont jeté pardessus bord les activités de transformation à leurs yeux méprisables, si elles ne procurent pas des retours sur investissement élevés sur le très court terme (hic et nunc).

La problématique est de savoir si la France doit limiter dans le domaine industriel ses ambitions à certaines branches de pointe dans lesquelles elle excelle ; ses biens spécifiques sont connus et ont besoin d'être renforcés ; ils ne peuvent occuper seuls la population utile et nécessaire à la préservation du consensus social. Le contenu du problème est autant social qu'économique : lequel faut-il privilégier ? Le gouvernement peut-il sacrifier l'emploi ?

Les pays émergents, Chine en tête, ont rattrapé leurs retards dans de nombreuses industries dites de pointe. Alors, des pays comme la France et les Etats Unis ont-ils encore la possibilité de préserver des industries qui ont perdu leurs avances ? Les conséquences du tsunami au Japon révèlent la dépendance mais aussi le retard de la France dans le vaste bassin des composants électroniques. Dans ce domaine particulièrement porteur, la France intervient uniquement en bout de chaîne pour faire l'assemblage. Peut-elle préserver cette activité qui peut être couverte par de petits pays primoémergents ? Le trend de détérioration du solde des biens manufacturés depuis 2005 peut-il être inversé ? Même les activités de services marquent le pas.

F. PARTAGE DE LA VA ET INVESTISSEMENTS

Le partage de la valeur ajoutée entre rémunérations du travail et du capital a donné lieu en France au système de participation (cher au général de Gaulle), auquel se sont ajoutés deux dispositifs, dont le succès reste mitigé : intéressement et épargne salariale au sein de l'entreprise, dispositifs visant à faire participer les travailleurs aux fruits de la croissance, et le dernier relatif aux dividendes.

Visant à rendre plus doux le capitalisme, tous ces dispositifs sont limités aux entreprises comptant plus de dix salariés ; peuvent-ils être agréés par le capital international ? Mais affectent-ils de fait les partages de la valeur ajoutée de manière significative ?

Les rémunérations des travailleurs par rapport à la richesse créée sont passées :

- dans les sociétés non financières, de 67,4 % en 1950 à 69 % en 1960 ; après un maximum atteint en 1982 avec 75,6 %, l'évolution ultérieure a ramené le ratio à 66,2 % en 1998 ; (67,6 % en 2007) ;
- dans les sociétés financières le ratio est de 45,9 % en 1950 ; après un minimum en 1958 à 38,6 %, il a augmenté dans les années 1980 (62,5% en 1980 et 65% en 1982) ; mais il est revenu à 59,9% en 2000, ratio en vigueur en 2009.

Ces ratios confirment un meilleur partage au profit des travailleurs des secteurs non financiers ; mais, cela favorise-t-il le maintien de l'emploi industriel ? La part de la rémunération du facteur travail dans les sociétés non financières (SNF) est supérieure de près de 10 % à celle qui est pratiquée aux Etats Unis. Cela ne résulte que marginalement sans nul doute des dispositifs de partage des fruits de la croissance. Dans les années 2000, les chiffres ont fluctué, pour ces dispositifs, entre 1100 et 1500 Euros par travailleur et par an, ce qui constitue l'équivalent d'un salaire mensuel moyen.

En dépit de ces dispositifs la France ne soutient pas la comparaison avec la Suisse dans la répartition de la valeur ajoutée :

Tableau F11 : Comparaisons France - Suisse du ratio salaires/ VA (en %°)

	1990	1995	2000	2005	2008
France	57,5	58	58	58	58,4
Suisse	62,9	64,6	64,2	65,8	67,8

La valeur ajoutée profite bien davantage au travail en Suisse qu'en France, et l'écart ne cesse de se creuser entre les deux pays : un gain additionnel de 5 points s'ajoute en 2008 au ratio de 1990. Mais, ces ratios nationaux risquent de ne pas être valables pour les activités industrielles : la part des activités financières dans le total dépasse, en Suisse, de 10 points celle de la France et les bonus servis aux banquiers y sont tels que les ratios globaux déforment les appréciations. Comparaison des salaires entre les deux pays :

Tableau F12 : comparaisons des salaires France - Suisse

	1995	2000	2005	2008
France €	30253	32734	37762	41111
CHF /€	1,545	1,558	1,548	1,587
France CHF	46741	51000	58455	65243
Suisse CHF	76411	82731	92226	99664

Les cours de change ont été puisés dans les statistiques de la BNS : il s'agit de moyennes annuelles. Le salaire moyen suisse est d'au moins 30000 CHF supérieur au salaire moyen français ; il dépasse de 50 % le salaire français en 2008 après l'avoir dépassé de 58% en 2000. L'Euro valait moins de 1,30 CHF début 2011. Si le cours demeurait à ce niveau, la transposition des chiffres 2008 donnerait un salaire français moyen exprimé en CHF de 53444 en 2011, soit à peine plus de la moitié du salaire moyen suisse. C'est quand l'Euro a baissé à 1,06 CHF que la Suisse a été étranglée par le change. La France n'est, donc, pas seulement malade de l'Euro. Elle pâtit au contraire et davantage d'un déclin de pans entiers de son économie.

G. LES SOURCES DE LA CROISSANCE

Tableau F13 : Contribution à l'évolution du PIB au prix de l'année (N-1)

	1970-2009	1970-1980	2000-2009
Croissance PIB	2,33	3,688	1,157
DCFM	1,37	2,062	1,113
FBCF	0,429	0,642	0,402
Export B & S	1,009	1,303	0,427

DCFM : dépenses de consommation finale des ménages

FBCF : Formation brute de capital fixe

Sur la période 1970-2009, la consommation finale des ménages a contribué modestement à la croissance (1,37 %). La contribution des exportations n'a pas été très élevée (1,009%) mais a été plus significative dans les années 1970 (1,303%). La faible croissance du PIB dans les années 2000 est autant associée à une baisse de la contribution des exportations qu'elle est imputable à la modération de la DCFM avec une situation très peu différente pour la FBCF. La croissance s'essouffle si elle n'est tirée que par la demande intérieure, et si cette dernière n'est pas dopée comme aux Etats Unis par un fort endettement des ménages, lesquels sont, en France, plutôt fourmis que cigales. Ce qui ne confirme pas les idées reçues à propos du penchant de la dépense chez les Catholiques. Faut-il associer la frugalité française à l'incertitude face à l'emploi dans les dernières années ?

La propension des ménages à épargner semble se stabiliser à un niveau élevé même en dehors des périodes de crise.

Tableau F 14 : Epargne des ménages en % du RNB par habitant

	1960	**1970**	**1980**	**1990**	**2000**	**2009**
Epargne	17,9	19,4	18	12,9	15,1	16,2
Epargne F	6,2	5,2	4,1	2,3	6,7	6,8
RNB/ habit		2415	8126	17808	24062	29814

Le revenu national brut par habitant est en Euros :
L'épargne s'entend comme le revenu brut incluant les prestations en nature pour les ménages, entreprises individuelles comprises.

Entre 1959 et 2009, le taux d'épargne des ménages s'est élevé à 16,9 % du revenu disponible brut. Le taux n'a été inférieur à 15 % qu'en 2005, avec 14,9%. Ce taux élevé pénalise la consommation dont on ne sait si le surcroît aurait été satisfait par la production locale ou par des importations et, alors, aggravé les déséquilibres extérieurs dans une économie qui peine à les rétablir. La modération de la consommation des Français contribue également à la préservation des équilibres financiers globaux, à la différence des Etats Unis qui sont entraînés dans la spirale de l'endettement général de toutes les catégories d'agents économiques. L'épargne des ménages se distingue par sa faible teneur en actifs financiers, lesquels ne sont que de 5,2 % du total avec 3764 milliards en 2009.

Pourtant, la propension à l'épargne des ménages français se traduit par des comptes financiers dont la valeur nette des actifs augmente de 257 milliards d'Euros en 1978 à 1804 en 2000 et 2462 en 2009. Cependant, la dette souveraine n'est que faiblement portée par les agents économiques français. L'endettement global des ménages reste, à 1007 milliards d'Euros en 2009, insignifiant par rapport à leurs actifs financiers. Fin 2009, les agents économiques endettés sont :

- les administrations publiques pour 1562 milliards d'Euros, ce qui correspond à 81,9 % du PIB ;
- les sociétés non financières pour 1226 milliards.

Les performances et les comportements des agents économiques se traduisent par un compte « Reste du monde » en léger déficit (33 milliards d'Euros) à fin 2009 après avoir atteint 110 en 2008. La France n'a été, depuis 1978, déficitaire vis-à-vis du reste du monde que de 1989 et 1993 ainsi qu'en 2008 et 2009. Elle conserve donc, somme toute, une relation patrimoniale globale équilibrée avec le reste du monde. En d'autres termes, sa solvabilité globale n'est pas affectée par des performances même médiocres, à la condition qu'elles restent limitées dans le temps. Le pays a de la marge sur ce plan-là, mais il peut être fragilisé par ses finances publiques en contexte de croissance incertaine.

H. FINANCES PUBLIQUES ET MODELE SOCIAL

En France les finances publiques portent le sceau du modèle social. De 37,9 % en 1959, le ratio des prélèvements obligatoires sur PIB ne descend à 36,6 % en 1960 que pour remonter dès 1961 ; il accélère sa course pour dépasser 40 % en 1965 ; 45,6 % (niveau en-dessous duquel il ne descendra plus) en 1980 et 50% en 1996. Il reste à ce niveau et ne baisse à 48,4% qu'en 2009, l'Etat ayant opté pour des cadeaux fiscaux aux titulaires de hauts revenus. L'effort fait au profit de ceux-ci est d'autant plus important que les prélèvements obligatoires hors recettes sociales ont atteint en 2009 un maximum de 32,7 % pour 25,2 % en 1978, et pour 1999. Les prélèvements sociaux entrent donc pour 1/3 dans le total.

Les dépenses publiques sont à un minimum de 35,4 % en 1960 ; elles culminent à 56% en 2009, l'Etat devant ajouter des dépenses fiscales aux importantes dépenses budgétaires, tirées ces dernières années par les dépenses de soutien aux banques, et de relance, de prestations et de transfert : le budget social laisse à la charge de la ressource publique un ratio de dépenses de 12,3% en 2009, pour 3,5% en 1980. Excédentaire pratiquement jusqu'en 1974 à part 1968, le solde budgétaire est déficitaire depuis 1975.

Le budget global est contraint par le solde du budget social : hors ce dernier, le solde est constamment excédentaire ; il dépasse 8 % en 1959 et connaît son niveau le plus bas en 1993 avec 1,4 % mais dépasse 7 % en 2000. Nous sommes dans un schéma différent de celui des Etats Unis : c'est, là, l'exigence de préserver le consensus social qui a rendu l'Etat impécunieux. L'Etat a donc les moyens pour ses missions régaliennes et pour les infrastructures publiques.

Le déficit net du budget social a été multiplié par 3,5 depuis 1980. Il ne s'agit pas à proprement parler d'une explosion de ce budget, puisqu'il avait connu des niveaux élevés dès les années 1960, donc lors de la croissance soutenue. Les niveaux très élevés qu'il atteint ces dernières années résultent de la prolifération de dispositifs pour lutter contre les diverses formes de précarité dans et hors la sphère de l'emploi. N'est-ce pas la preuve du désarroi d'autorités acculées à des arbitrages qui s'efforcent de ménager le modèle social tout en satisfaisant les exigences du capital au niveau du budget de base. Le budget de l'Etat a été rattrapé par la financiarisation galopante dès les années 1980 : les intérêts sur la dette publique passent de 5,5 milliards d'Euros en 1980 à 27,6 milliards en 1990. L'excédent des intérêts payés par l'Etat sur les intérêts qu'il perçoit ne devient significatif qu'en 1980. Paradoxalement, le modèle financier s'est adapté sous les gouvernements de gauche. Les besoins financiers de l'Etat n'étaient, en effet plus depuis les années 1980, couverts par la banque centrale et autres circuits ad hoc comme auparavant à des taux semi-administrés par la CDC.

C'est à ce moment-là que le pays a lancé la révolution de ses marchés financiers, pour s'approprier produits, instruments, et techniques qui franchissent alors l'atlantique. Le financement de la dette publique (Etat et collectivités locales) par le marché devait permettre sa démonétisation. Mais, la charge des intérêts sur le PIB passe de 0,48 % en 1973 à 2,23 % en 1983 et à 3,59 % en 1996, en contexte de taux d'intérêts élevés. Elle est de 2,39 % en 2009.

La sphère publique entre moins qu'aux Etats Unis en compétition avec la sphère privée pour collecter des ressources de marché : le secteur privé couvre ses besoins de financement en France surtout par des prêts bancaires. L'appel à l'épargne sur les marchés ne se fait que de la part de quelques grandes entreprises. En France, la désintermédiation a encore du chemin à faire. La configuration du tissu industriel s'y prête-t-elle, compte tenu de la taille réduite de très nombreuses entreprises ?

Le déficit budgétaire français excède le déficit suisse de 1,4% du PIB en 1980, de 3,4 % en 2000 et de 8 % en 2009. Pourtant, hors budget social, la comparaison est avantageuse pour la France avec des écarts de 4,6% du PIB en 1990, 6,9% en 2000 et 8% en 2009. Mais, malgré un budget social élevé, la précarité reste prégnante en France. L'explication est, pour une large part, dans le différentiel du taux de chômage avec la Suisse, et dans les revenus disponibles après transferts : en

2008, 13% des ménages français vivent au-dessous du seuil de pauvreté et 10% parmi les personnes les plus pauvres ont un niveau de vie inférieur à 900 Euros par mois. La réponse est aussi dans le niveau des salaires. La fronde sociale trouve son origine dans une polarisation des revenus bien moins marquée en Suisse qu'en France : ici, le salaire médian est inférieur à 19000 Euros par an en 2004. En Suisse, il est de 66500 CHF sans salaire minimum légal. Les revendications virulentes sur le salaire minimum en France tiennent à une pratique qui laisse une très large place à des salaires inférieurs au seuil réclamé et même parfois officiel. Sans compter que nombre de travailleurs ne sont pas déclarés et ne jouissent, a fortiori, pas de leurs droits sociaux.

Le combat social perd en efficacité parce qu'éclaté en raison des différentes composantes de la société qu'il doit défendre. Il perd aussi forcément de ses ambitions. La défense acharnée des intérêts des travailleurs pour de meilleures rémunérations et conditions de travail se traduit, si elle aboutit, par des coûts de production par unité d'œuvre supérieure, sans préjudice des gains de productivité. La mondialisation, par le levier des délocalisations, débouche, dans nombre de situations sur des réductions d'effectifs et même des fermetures d'unités de production. Ce qui alimente la sphère des besoins de couverture sociale en faveur des chômeurs et exerce une pression à la hausse sur les taux des prélèvements obligatoires et réduit, du même coup, la compétitivité fiscale de la France.

L'Union européenne aboutira-t-elle un jour à une harmonisation de la fiscalité des sociétés dans son espace ? Elle n'y est pas arrivée à cause de l'opposition de ses nouveaux membres qui utilisent non seulement la concurrence fiscale mais également le dumping fiscal comme moyen de rattrapage des nations les plus avancées dans l'espace. Au surplus, des pratiques spécifiques telles qu'exonérations et zones franches existent tant à l'intérieur de cet espace qu'en dehors ; elles peuvent même être le fait des pays les plus évolués sinon les plus « vertueux » (cas de la Hollande avec ses « boîtes fiscales » qui permettent d'asseoir les impôts des sociétés sur la source (bénéfices de holdings, royalties, et bénéfices normaux).

La France est, en matière de pression fiscale, dans le peloton de tête juste derrière la Suède et le Danemark, dépassant depuis quelques années, l'Allemagne et l'Angleterre, ses compétiteurs naturels. Elle s'est retrouvée en 2008 sans marge budgétaire pour consolider ses finances publiques par une hausse d'impôts afin de compenser la hausse des dépenses de soutien de l'économie et d'extension du filet social. Elle conserve, cependant, une marge théorique dans le taux marginal de l'impôt sur le revenu : 40 % en France pour 50 % au Japon, 50,5% en Allemagne, 52 % en Hollande et 55 % en Belgique, sans parler des 57 % suédois et des 59 % danois.

Dans le pays des idéaux de 1945 et du rejet des privilèges de l'ancien régime, cette place exacerbe le sentiment des inégalités. Le système fiscal reflète moins que jamais le modèle de justice sociale qui a sous-tendu l'Etat républicain de 1789.

L'Etat affecte des ressources toujours croissantes à l'atténuation de l'effet destructeur de la précarité. Les dépenses de l'espèce sont celles qui ont la fonction la plus directement redistributive. Mais si elles atténuent la misère, elles ne peuvent la dissimuler. Ceux qui en bénéficient ne peuvent y percevoir une amélioration de leurs perspectives. La France se fige dans une dualité sociale grave qui est contraire aux principes fondateurs de l'idéologie qui sous-tend le modèle social. Elle partage ce privilège avec l'Allemagne qui met, cependant, à profit modération salariale et chaîne de création de valeurs dans l'industrie pour avoir un haut niveau d'activité.

L'idéologie du modèle social est, dans son aspect tapageur, le point de départ du recul de la compétitivité de l'économie ; elle est aussi la caisse de résonnance de ce recul : c'est une relation dialectique entre les éléments fondateurs de l'identité en tant qu'aboutissement de luttes séculaires pour la suppression des privilèges, d'une part, et d'autre part, leur antidote, la centralisation, qui enferre la France en ne lui laissant le choix qu'entre une sortie par le haut, savoir par abandon de la monnaie unique, et une paupérisation latente qui renforcera les mouvements sociaux. Le pays s'aliénera les faveurs du monde de l'argent. Il n'est pas certain que la gauche ait quelque solution pertinente que ce soit dans ce domaine.

Dans les conditions actuelles de son économie, la France n'arrive plus à créer que des emplois précaires, qui ne peuvent compenser ceux perdus dans les industries et l'agriculture. Le déclin de l'industrie, s'il devait continuer, aggraverait sa fragilisation au plan de la création des richesses, de l'emploi, mais aussi dans sa sphère publique et sociale.

CHAPITRE 4

LA SUISSE QUI GAGNE
Pays de la résistance et de la concordance

« Une espérance collective ne peut ... pas être domptée... Tout désespoir en politique est une sottise absolue »
Charles Maurras *L'avenir de l'intelligence.*

A. VIVE LES HUGUENOTS (« EIDGUENOTS »)

La fin du 17ème siècle est lumineuse – pour un temps – pour la France : les feux du siècle des lumières brillent intensément sur une partie très minoritaire de la population française, pendant que la majorité ploie sous la misère et la faim. La « Confédération des XIII Cantons » accueille à partir de 1685 les protestants français pourchassés dans leur pays. La révocation par Louis XIV, cette année-là, de l'édit de Nantes pousse 8000 protestants à migrer à Genève et 17000 à Lausanne. Beaucoup appartiennent à l'élite intellectuelle mais aussi économique ; ceci va favoriser le développement de métiers qui constituent à ce jour les socles de la prospérité suisse : banque, horlogerie, ver à soie et textiles.

Plus encore, l'impact cultuel de la migration forgera le levain de formation de la morale suisse: le protestantisme. La population accueille Jean Calvin comme elle a accueilli Martin Luther à l'Est, même si un enfant du pays avait réformé Zurich : Ulrich Zwingli. La rivalité de ce dernier avec Luther contribue à sceller l'alliance entre ses adeptes et ceux de Calvin, en détachant les premiers (Zurich et les autres cantons protestants de l'Est) de l'Allemagne luthérienne et les seconds (romans) de la France catholique et monarchiste. « Paradoxalement, la division confessionnelle a plutôt renforcé à long terme la cohésion nationale des Suisses. »[18]
Cette situation intervient à un moment charnière de l'histoire de la formation de la nation suisse, qui peut être ramenée à 3 dates essentielles : 1291, 1513 et 1848.

[18] Christophe Büchi : Mariage de raison. Editions ZOE

« La Suisse moderne est l'aboutissement d'uns gestation longue et lente qui s'est étendue sur plusieurs siècles. Elle est née par étapes, à partir d'un conglomérat de petits Etats réunis dans une Alliance peu contraignante et chapeautés par un pouvoir central faible. « La lenteur de cet accouchement a facilité l'intégration des différentes composantes et cultures du pays », [19]écrit C. Büchi pour souligner l'importance capitale de la voie de l'adhésion dans le processus de formation de la nation suisse.

La Suisse s'est forgée par le bas un capital ancestral de démocratie consentie ; elle comprend, certes à l'époque, des patriciens et des plébéiens, mais elle se différencie des nations construites par le haut grâce à la générosité prétendue de dirigeants messianiques et prétendument bienfaiteurs. La concordance est le pilier autoporteur de la construction institutionnelle suisse et de la forte cohésion de sa société. La révolution française lui apporte le souffle salvateur de la démocratie qui n'y est plus alors apprivoisée par une élite.

La démocratie directe est instituée en 1791 ; elle donne aux élus une délégation révocable à tout moment, ce qui les contraint à être proactifs pour éviter d'être déjugés. Cette forme institutionnelle aiguise le sens des responsabilités des gouvernants mais aussi des gouvernés, ces derniers restant vigilants. Cela rend les citoyens iconoclastes ; ils ne sont ni timorés comme sujets évolués à l'instar des autres pays développés, ni totalement inhibés comme les sujets dans les pays sous développés. Ils ne donnent pas de chèque en blanc, ce qui renforce la valeur de leurs institutions et, à travers la stabilité politique, de leur monnaie. Ils refusent la contrition du pouvoir central. Tout en croyant à la prédestination, ils s'assument pleinement. Un monarque, a fortiori un empereur, se serait senti vraiment à l'étroit dans l'espace suisse ; mais,

[19] C. Büchi : Mariage de raison page 285.

les habitants n'ont permis, que momentanément, aux intrus de prendre possession de certaines parties de leur territoire. Tout au plus, les armées monarchiques et impériales se sont-elles livrées des batailles dans cet espace.

L'exigüité du territoire a contraint les Suisses à gérer l'espace ; ce qui oblige à intensifier l'utilisation des autres facteurs. La précision de leurs montres facilite la gestion du temps comme un bien rare qui vaut son pesant d'or… ou de CHF.

FLASH BACK RAPIDE

Dans le monde en désordre, la Suisse fait figure de benchmark au regard de tous ses fondamentaux. Mais, voyons comment la Suisse était perçue il y a encore cinq ans par l'OCDE dans « L'étude économique de la Suisse 2006 » :

Pointant la faiblesse de la hausse de la productivité comme cause essentielle des médiocres performances en matière de croissance, l'ODE écrit : « *En l'absence d'un redressement significatif de la productivité, la croissance de la production tendancielle se ralentira davantage en raison du processus de vieillissement de la population, ce qui accentuera les pressions budgétaires. Dans ce contexte, les autorités sont confrontées à des enjeux essentiels.* »

Et la recette suit. Il faut :

a) renforcer la performance de la croissance par une meilleure utilisation du travail et la stimulation de la productivité et ce, « *grâce à un meilleur fonctionnement du marché et une concurrence accrue dans le secteur abrité* » ;

b) restaurer un meilleur contrôle sur les dépenses publiques. Est mis en cause « le contrôle insuffisant depuis le début des années 90 des dépenses publiques ».

Paradoxalement, l'OCDE relève un fléchissement des exportations qui expliquerait l'affaiblissement conjoncturel depuis la fin 2004. Il est également fait état de manque de visibilité des perspectives économiques ; la croissance potentielle est estimée à 1,25 %. La tempête de la crise va passer comme un nuage contenu dans le ciel de l'UBS. La question fût âprement débattue en 2008 de savoir si le pays allait aider la banque qui s'est retrouvée avec un actif net négatif de l'ordre de 50 milliards de Francs suisses et, de surcroît, en illiquidité. La raison a dû s'affranchir de la morale pour éviter un effondrement de la machine économique suisse, même si la banque a joué à la roulette russe avec les produits avérés toxiques.

Les indicateurs de l'économie sont véritablement la symétrie des indicateurs de l'économie US : La revue du FMI dégage comme chiffres à fin décembre 2010 (en milliards de CHF) :

- Réserves de devises de la BNS : 212,4 ;
- Réserves d'or : 42,7 ;
- Position nette d'investissements internationaux : 744,9.

Les réserves monétaires sont le résultat d'une accumulation depuis 1947 : le déficit global du commerce des biens sur la période a été compensé par les autres postes de la balance des paiements. Celle-ci dégage un excédent de 16,7 milliards CHF en moyenne par an, comme le montre le tableau ci-après.

Balance Biens et Services (1947-2008) en millions de CHF :

Biens	3'675'500	3'827'921	-152'421
Services	1'255'754	528'136	727'618
Total B & S	**4'931'254**	**4'356'057**	**575'197**
Capitaux	**1'698'161**	**1'015'020**	**683'141**
Travail	**53'041**	**273'836**	**-220'795**
Total	**6'682'456**	**5'644'913**	**1'037'544**
		Moyenne /an	**16'735**

Mais, fait nouveau : le pays connaît une balance commerciale de biens excédentaire depuis 2002 (après une période ininterrompue de déficits de 1947 jusqu'en 1992). Le solde excédentaire cumulé de 2002 à 2008 s'élève à 48,6 milliards de Francs suisses. Le pays a engrangé un excédent de 20 milliards en 2010 ! La Suisse a utilisé une partie de ces excédents en IDE : 809 milliards de CHF depuis 1993 ; elle a reçu pour 467 milliards d'IDE de l'étranger. Les uns et les autres contribuent fortement à l'essor du pays et à la prospérité de son économie.

Le compte de patrimoine des ménages fait ressortir un total d'actifs de 3247 milliards en 2009 avec un total de passifs de 652, soit un total d'actifs nets de 2595 milliards ; encore, la crise a-t-elle eu pour effet de réduire de 251 milliards la valeur des actifs financiers en 2008. Le comportement en Suisse est fidèle aux préconisations de la morale protestante: pas d'ostentation mais depuis les années fastes, Zurich, ville de commandement et de bonus financiers, est devenue une ville réellement « prétentieuse et friquée ».

Les collectivités publiques ont été sobres elles aussi : la somme des déficits globaux (Fédération, Cantons et Communes) totalise 53,9 milliards sur toute la période 1990-2009 ; soit un déficit moyen du budget de 0,68% avec une pression fiscale moyenne de 34,87 % du PIB et des dépenses de 35,55%. Pour la période visée par l'OCDE (2000-2004), le déficit moyen est de 0,05%. Et, depuis 2000, les soldes de budgets sont excédentaires sauf en 2003. Il en résulte une dette souveraine modeste : 32% du PIB en 1990 ; 41% en 2009 ; le pic a été connu en 1998 avec 55%. Le coût de la dette rapporté au PIB a été réduit à 1,30% en 2007. Les chiffres de l'OCDE sont dépassés en leur temps. Prospérité insolente malgré les déboires et les attaques dont est l'objet le secteur bancaire depuis 2008.

La reprise reste lente et fragile ailleurs, handicapée ici et là par des fondamentaux qui fragilisent un pays ou une région. L'économie suisse se gausse de l'appréciation du Franc et affiche des résultats qui font oublier les dissonances relatives au secret bancaire dont la fin (a-t-il disparu ?) a fait craindre des conséquences cataclysmiques. Les retraits de fonds des banques suisses n'ont duré qu'un laps de temps et le pays renaît d'une turbulence gonflée par des craintes exagérées plus que par la réalité. Le train n'a as quitté ses rails. Nous retrouvons, dans la réponse de la Suisse aux accusations sur le secret bancaire, le pays arcbouté sur son territoire du moyen âge. Le pays servait, alors, de couloirs aux grandes armées impériales et royales qui se faisaient des guerres.

L'histoire atteste que la Suisse n'a jamais conduit de façon offensive aucune guerre. Cependant, elle a défendu des siècles durant becs et ongles la moindre parcelle de son territoire ; témoins, la configuration de ce dernier avec des pointes et des formes en tentacules qu'on ne retrouve pour d'autres pays que dans les frontières avec la mer.

B. LA CROISSANCE REHABILITEE

LA CROISSANCE MACRO

Les indicateurs utiles se présentent comme suit :

Tableau S1 : Croissance et inflateur du PIB (en %)

	70-08	70-80	80-85	85-90	90-95	95-00	00-08
PIB	1,6	1,25	1,50	2,94	0,01	2,04	1,6
Inflateur	2,96	5,2	4,26	3,2	2,35	0,42	1,06

Les performances de 1970 à 2008 sont à peine moyennes avec une croissance modérée de 1,60 % par an en moyenne et un inflateur du PIB de 2,96 %. Pendant les quinze premières années, le couple est de performances franchement médiocres; la période 1985-1990 associe un inflateur moyen à une croissance de bonne facture ; la croissance, négative en 1991 et 1993, se traduit par une stagflation entre 1990 et 1995. La croissance reprend après et plafonne en 2000. Elle est atone en 2002 et négative en 2003. Elle atteint entre 2004 et 2007 un taux moyen de 3,1% par an pour tomber alors dans l'escarcelle de la crise : elle perd de la voix en 2008. En 2009, la récession atteint 1,91 %. A l'instar des autres pays, le pays retrouve la croissance en 2010.

Les performances sont modestes mais moins irrégulières que celles des Etats Unis. La Suisse est dans la situation singulière d'afficher aujourd'hui des fondamentaux qui sont tous au vert à un moment où la plupart des indicateurs des économies développées sont au rouge. Elle affiche une prospérité insolente. Essayons de repérer les indicateurs les plus significatifs pour comprendre la situation paradoxale de ce pays. La Banque Nationale Suisse (BNS) s'est vu assigner l'objectif clair et unique d'augmentation des prix, limitée à 2%. Elle recourt à la cible de taux d'inflation, depuis 2000 ; elle a réussi une politique monétaire qui conforte la monnaie sans pénaliser l'économie. Indépendance et distances vis-à-vis de l'exécutif. La Suisse négocie difficilement le début des années 1980 : l'indice de la valeur ajoutée à prix courants évolue défavorablement sauf pour l'intermédiation financière.

LA CROISSANCE SECTORIELLE PAR PERIODE

La croissance se présente par branche comme suit :

L'économie marchande reproduit pour la période 2000-2005 le taux de croissance du PIB. Les différences pour les autres périodes tiennent aux activités non marchandes, mais également aux impôts et droits de douane ainsi qu'aux subventions.

Tableau S2 : Croissance par branche à prix constants de 1991 à 2008

	1991-2008	1991-95	1995-00	2000-05	2005-08
Eco marchande	1,61	0,21	1,92	1,31	3,45
Agriculture et divers	-0,176	-0,80	0,61	-1,52	1,63
Ind manufacturières	1,88	0,87	1,01	1,88	4,75
Construction	-0,63	-1,89	-2,62	2,08	-0,04
Interm financière	3,42	1,87	9,04	0,33	1,60
Assurances	4,81	5,79	10,8	0,97	0,40

Le secteur primaire a lesté la croissance d'ensemble sauf de 2000 à 2005. Durant les années 2000, le taux a été fortement négatif. Le taux moyen des activités manufacturières de 1,9 % procède d'une accélération du rythme surtout dans les années 2000. Les activités financières performent dans les années 1990, mais le rythme baisse fortement dans les années 2000. L'intermédiation financière tombe sous le couperet 2007-2008, ce qui explique la contreperformance (11,6%).
L'inflation des valeurs ajoutées sectorielles n'est disponible que depuis 2004.

REPARTITION DES VA PAR SECTEUR A PRIX COURANTS

En termes courants, l'évolution sur la période 1991-2008 prolonge celle du début des années 1980 comme le montre ce tableau.

Tableau S3 : VA des branches/Total VA marchandes à prix courants(%)

	1991	**1995**	**2000**	**2005**	**2008**
Agriculture	3,31	2,55	1,97	1,57	1,55
Ind manuf	25,94	25,33	23,38	23,86	24,61
Services	57,82	59,87	64,56	64,83	64,63
(IF & Ass)	9,25	10,58	16,18	14,80	15,35
Construct	9,87	8,36	6,70	7,07	6,62

La part du secteur primaire baisse de plus de 50 %, perdant 1,76% du total sur toute la période. Les richesses créées par les industries manufacturières ne perdent que 1,33 % dans le total, part qui est gagnée par les assurances. Ici comme ailleurs, les services dopent globalement leur part et gagnent près de 7 % du total. A elle seule, l'intermédiation financière gagne 5% du total des valeurs ajoutées.

L'intermédiation financière largo sensu (banques, assurances et activités titres) occupe un espace dans les richesses créées qu'on ne retrouve ni en France ni aux Etats Unis. La place bancaire suisse fait du pays l'eldorado des investisseurs mais, l'actualité l'a montré, pour les fonds qui ne sont pas propres. Symptomatique est la rapidité avec laquelle les autorités suisses ont réagi aux départs des dirigeants de certains pays.

Le Conseil fédéral s'est empressé, à mi février 2011, de saisir le parlement suisse d'un projet de loi qui autorise la communication d'informations sur demande des Etats étrangers sur la base d'un simple numéro de compte. La résistance de la Suisse a été mise à mal par la pression de l'OCDE et du G20. Mais, le pays dispose d'autres avantages comparatifs que le secret bancaire. L'industrie manufacturière conserve, en Suisse en 2008, une part du total des valeurs ajoutées qui équivaut à celle qu'avait cette branche aux Etats Unis en 1947. L'économie suisse se tertiarise à l'instar des autres pays développés, surtout en raison de sa place financière, mais ne perd pas ses industries.

Les branches qui ont participé le plus à ce mouvement de fond en dehors de la finance (au sens large) sont celles de « l'immobilier, leasing, informatique, R & D et services aux entreprises », et de la « santé et activités sociales » ; si le secteur secondaire a perdu dans le total des richesses créées, au profit du tertiaire, c'est parce que ce secteur a explosé dans le cadre de la révolution financière. Il n'y a pas, ici, le phénomène de désindustrialisation observé aux Etats Unis et, à un degré moindre, en France.

EMPLOI ET REDISTRIBUTION DES VALEURS AJOUTEES

L'évolution maîtrisée de la création des richesses est attestée par la répartition sectorielle de l'emploi équivalent temps plein (ETP) :

- La part de l'emploi dans l'agriculture reste stationnaire à 4,3 % mais avec une augmentation de 6,5 % des effectifs ; l'agriculture ne se dépeuple donc pas.
- La part du secteur secondaire dans l'emploi baisse de 26% à 20% avec une perte chiffrée à 118600 emplois (15% de l'effectif de 1991) ; cette évolution reflète essentiellement une participation toujours plus grande des services dans les processus industriels.

- La part de l'emploi dans le tertiaire passe de 59 % à 66 %, ce qui équivaut à 340000 emplois de plus.

La seule rupture significative a lieu dans le secteur primaire où une augmentation de l'emploi en termes absolus accompagne une forte baisse de la part de la valeur ajoutée. Pour les deux autres secteurs, le ratio de l'emploi évolue en corrélation avec celui de la richesse créée. Le secteur tertiaire comprend toutes activités marchandes, enseignement et santé inclus. Mais qu'en est-il entre les 3 branches qui ont été examinées dans le cas des Etats Unis ?

Tableau S4 : Evolution de l'emploi de 1991 à 2008 (en % du total)

% de l'emploi	Industries manu	Construction	IF et assurance
1991	25	10,35	6,4
1995	23,4	10,08	6,38
2000	22,2	8,75	6,33
2005	20,39	8,8	6,61
2008	20,1	8,48	6,68
Indices 2008/91	0,80	0,82	1,04

L'économie marchande a créé 185000 emplois entre 1991 et 2008. La structure de l'emploi par branche n'y a pas subi, entretemps, la même déformation qu'en France et, a fortiori, aux Etats Unis :

- la manufacture conserve 671000 emplois ; elle n'est donc pas dévitalisée en ressources humaines ;
- la construction, au-delà des fluctuations conjoncturelles qui sont le lot naturel de la branche, perd 13 % de l'effectif de 1991 ;
- les effectifs dans les activités financières augmentent : 13% pour les banques et 5 % dans l'assurance mais 18 % pour l'ensemble du secteur tertiaire.

Malgré un secteur financier très important et performant, la Suisse n'a pas subi une forte redistribution de ressources humaines ver les secteurs de l'intermédiation, de la banque et des assurances. La meilleure preuve c'est que la crise reste sans effets sur le taux de chômage.

PRODUCTIVITE DU TRAVAIL

La productivité du travail des activités intermédiation financière et assurances a été fortement marquée évidemment par la diffusion des TIC à la fin du siècle. Les industries manufacturières le sont de façon tardive ; la productivité du travail y enregistre une très forte accélération dans les dernières années. La productivité du travail est encore plus volatile dans la construction que dans l'agriculture, la sylviculture et la pêche et pisciculture. Globalement, l'économie marchande est tirée par la productivité du facteur travail et celle-ci est elle-même tirée par les industries dans les dernières années.

Tableau S5 : Evolution de la productivité du travail (en %)

	1992-1995	1996-2000	2001-2005	2006-2008
Agricult	-0,8	0,6	-1,5	1,6
Ind manuf	0,9	1,0	1,9	4,8
Construction	-1,9	-2,6	2,1	-0,03
Int financ	1,9	9,0	0,3	1,6
Assurances	5,8	10,8	1,0	0,4
Eco marchande	0,2	1,9	1,3	3,5

PRODUCTIVITE DES FACTEURS A PRIX COURANTS ET A PRIX CONSTANTS

Les taux ci-dessus de progression du facteur travail entraînent les augmentations suivantes de 1992 et 2008 à prix constants :

- agriculture : -11 %
- industries manufacturières : 51 % ;
- construction : 0 % donc productivité inchangée au terme de la période ;
- intermédiation financière : 50 % ;
- assurances : 90 % ;
- économe marchande : 20%.

Entre 1992 à 2008, la productivité du capital n'a été positive qu'en 2000 et de 2004 à 2007. Celle du travail a comblé dette déficience. Pour toute l'économie marchande, la productivité du travail en prix courants, a augmenté de 47 % entre 1991 et

2008. Les évolutions ont été contrastées pour les productivités par branche :

- agriculture : -31,6 % ;
- manufactures : 73,9% pour un total du secteur secondaire de 58 % ;
- construction : 20,5 % ;
- secteur tertiaire : 47% (166% pour l'intermédiation financière, et 99,5 % pour les assurances).

Ces ratios sont évidemment affectés des inflateurs de branches. Ils montrent l'appropriation des richesses opérée par l'intermédiation et, à un degré moindre, par les assurances. Outre l'effet TIC, cette appropriation a augmenté sa ponction grâce à la valorisation au fair value des actifs risqués en contexte de forte augmentation des marchés : la valeur ajoutée de l'intermédiation financière a diminué en 2008 de 4 milliards de CHF. Vu que l'agriculture s'est fortement mécanisée, la baisse de sa productivité s'explique par la politique des quotas et la forte pression qui pèse sur les prix. La compensation se retrouve en subventions versées aux producteurs. L'organisation de ces derniers coopératives pour la distribution les prémunit contre des prélèvements de marges excessives par le commerce comme c'est le cas dans les autres pays.

C. LA REPARTITION AU SERVICE DE LA CROISSANCE

Pour la sphère marchande, la part de la valeur ajoutée qui rémunère le travail gagne 5 points sur la période : elle ne cesse d'augmenter de 62,9% en 1990 à 67,8 % en 2009. Elle est nettement plus élevée qu'en France, et l'écart n'a cessé de se creuser : 5,4 % en 1990 et 9,4 % en 2008. Elle est globalement plus élevée qu'aux Etats Unis. Globalement, le partage des richesses créées est plus favorable au travail en Suisse qu'en France et aux Etats Unis. Ceci est de nature à réduire les récriminations contre les excès du capital et de sa rémunération.

La répartition de la valeur ajoutée en Suisse reste économiquement plus efficace mais aussi socialement plus saine qu'aux Etats Unis et en France. La concordance institutionnelle et politique suisse se retrouve dans les rapports de production : les relations de travail sont pacifiées par la loi sur la paix au travail en 1936. La meilleure rémunération du travail, comme nous le verrons, constitue déjà une forme de reconnaissance sociale à la contribution de ce facteur à la création des richesses. Elle se traduit par une moindre polarisation générale des revenus : le pouvoir d'achat est mieux diffusé dans l'économie suisse que dans les autres économies ; cela permet de maintenir un niveau de vie supérieur, toutes choses égales par ailleurs, et de renforcer le consensus social. La répartition de la valeur ajoutée entre travail et capital n'a pas subi la déformation que connaît la distribution de la richesse créée aux Etats Unis.

L'horizon de l'économie demeure sous contrôle d'industriels à la différence de ce qui s'est passé aux Etats Unis où le court terme est devenu tyrannique. Sur base 1993, l'indice des salaires nominaux se présente ainsi :

Tableau S6 : Indices des salaires nominaux

	Indice général	**Secteur secondaire**	**Dont Manufacture**	**Dont Construction**	**Tertiai re**	**Dont IF**
1995	102,78	102,86	102,7	103,21	102,7	101,5
2000	106,91	106,56	106,58	106,5	107,15	111,59
2005	115,22	114,68	115,03	113,98	115,75	121,5
2009	123,44	122,65	123,02	121,85	124,09	131,15

L'évolution dans la branche de l'intermédiation financière est plus accélérée que dans les autres activités privées. Le gain y est de l'ordre de 10 points par période ; dès les années 1990, les salaires dans les autres activités évoluaient moins vite que dans la finance. Mais il n'y a pas de disparités élevées entre les différents indices.

L'indice des salaires réels stagne jusqu'en 2000 en contexte de forte inflation. L'indice des salaires réels pour 2009 sur base 1993 s'élève à 106,4 pour l'ensemble des activités, l'indice des prix à la consommation ayant été de 114,3. A partir de 2000, la stabilité des prix autorise des gains réels, comme le montre le tableau ci-après. Le salaire moyen a connu l'évolution suivante en valeur monétaire et en termes réels :

Tableau S7 : Evolution des salaires moyens réels

	1991	**1995**	**2000**	**2005**	**2008**
Salaires moyens	67928	76411	82731	92226	99664
Indice salaires réels	100	100,5	100,3	103,7	106,4

Le salaire moyen suisse pour l'ensemble des activités privées est, en 2008, de 90 % du salaire moyen de la même année aux Etats Unis pour finances et assurances. (99664 CHF pour 100800 USD avec un change moyen pour cette année-là de 1,08 CHF/USD).

La morale protestante commande les comportements économiques, et, en cela, elle fait des Suisses plutôt des fourmis que des cigales. Les niveaux de leurs revenus nominaux donnent aux Suisses la possibilité de satisfaire les besoins de consommation et de dégager une épargne multiforme qui se retrouve tant dans les agrégats internes que dans les positions extérieures de la Suisse. Le revenu disponible des ménages est élevé et le système des «hypothèques perpétuelles» n'impose le remboursement que de partie de la dette contractée par les ménages pour l'accès à la propriété. En effet, une quotité de 70 % de l'emprunt hypothécaire peut être maintenue en prêt aussi longtemps que le bien reste propriété de l'emprunteur. Le pouvoir d'achat conservé permet consommation et épargne.

PAR QUOI EST ENTRAINEE LA CROISSANCE ?

Comment comprendre que la Suisse puisse allouer au travail une part de la valeur ajoutée supérieure à celle observée en France et augmenter, malgré cela, ses exportations, sans que la force de sa monnaie n'handicape sa compétitivité ? Pour exporter, il faut que le pays dégage une offre à l'exportation. Y a-t-il un lien entre modération de la consommation et offre disponible à l'export ? Et, si oui, dans quel(s) sens joue-t-il ? Côté demande, le PIB se répartit comme suit dans le temps.

Tableau S8 : PIB par destination à prix courants(en %)

	1980	1990	1995	2000	2005	2008	2009
Consommation	71,5	68,1	71,5	71	71,7	67,5	69,3
FBCF	30	28,8	23,3	22,7	21,2	21,2	20,2
Com extérieur	-1,8	1,7	5,1	5,8	6,7	11,4	10,9

La part de la formation brute de capital fixe s'est fortement réduite de 1980 à 1995. Elle est compensée surtout par l'export. La part de la consommation n'a que peu varié dans le temps. Le tableau qui suit montre la contribution de chacune des principales composantes du PIB à la croissance depuis 1980.

Tableau S9 : PIB réel par destination (approche demande) en %

	1991-95	1996-00	2001-05	2006-09	1991-09
PIB	0,099	2,04	1,31	1,79	1,35
Conso mén	0,64	1,88	1,30	1,54	1,40
Conso adm	0,78	0,71	1,89	0,99	1,16
Cons finale	0,66	1,69	1,39	1,45	1,36
FBCF	-0,55	2,47	0,58	1,28	0,97
Exp Biens	1,43	7,31	3,11	2,28	3,78
Exp Servic	0,68	8,37	2,80	5,85	4,55
Exp B & S	1,23	7,58	3,05	3,35	4,02

Sur la période, la consommation finale a cru dans un même ordre de grandeur que le PIB. Donc, sur le long terme, la croissance du PIB a été neutre par rapport à la consommation finale. Mais, celle-ci a contribué à modérer le PIB à la fin des années 1990 et des années 2000. Elle l'a dopé au début des deux décennies. Quelle est la contribution de la consommation des ménages et de la FBCF ?

La consommation des ménages a accéléré le rythme de la croissance du PIB sur le long terme ; elle a tiré le PIB au début des années 90. Plus volatile, la FBCF n'a eu un impact positif qu'à la fin des années 1990, période d'intensification d'investissement, après le désinvestissement de la période qui a précédé, avec une véritable explosion à la fin des années 2000. Il en est de même pour les exportations de services.

La demande internationale est le principal moteur de la croissance suisse. La période 1996-2000 montre que la croissance du PIB ne peut être affaiblie que par le marché extérieur. Point de salut pour la croissance sans débouchés extérieurs d'autant que :

- la consommation des ménages a atteint un certain degré de saturation : le niveau élevé des revenus conjugue ses effets avec la stabilité des prix, laquelle est garantie par la force de la monnaie, par des circuits de distribution sous contrôle pour les produits alimentaires, et par les gains attendus d'une plus grande ouverture du marché ;
- la consommation des administrations est contrainte par des mécanismes qui assurent l'efficience de la dépense.

D. LE COMMERCE EXTERIEUR RENOVE

Le commerce extérieur de biens et services est excédentaire depuis 1981 sans discontinuité. L'effort d'équipement des entreprises en 1990-91 a propulsé l'excédent commercial au-dessus de 5 % du PIB dès 1995. Le ratio exports/PIB dépasse 40 % en 1997 et passe au-dessus de 46 % en 2000 grâce à la reprise des investissements en 1998. En 2002 s'ouvre l'ère des excédents dans le commerce des biens : la Suisse a réduit, alors, de 7 milliards ses importations. L'excédent a augmenté à 15 milliards en 2008 pour représenter 2,78 % du PIB. Le niveau de déglobalisation des échanges de biens avec le reste du monde ne fournit pas d'explications à la diminution des importations en 2002 et 2003.

LE RENOUVEAU DE LA BALANCE COMMERCIALE

La balance des paiements était historiquement dopée par celle des services et les revenus du capital. Ces deux postes ont permis au pays d'accumuler 1258 milliards de CHF d'excédents entre 1947 et 2008. Les services comblaient le déficit des biens. Le déficit historique du commerce des biens met en relief la particularité de la situation nouvelle : le pays accède ces dernières années à une compétitivité commerciale exceptionnelle mais durable.

Les échanges de biens totalisent un déficit global de 192 milliards de CHF de 1947 à 1999. De 2002 à 2008, la Suisse multiplie par 2 son solde excédentaire de biens et par plus de 3 celui des services. Quelles sont les explications de cette nouvelle situation? La qualité des produits made in Suisse est connue ; elle n'avait pas permis de dégager un tel niveau dans les exportations. L'explication se trouve au moins en partie dans les flux d'investissements massifs en équipements comme mentionné ci-avant. Le taux de croissance moyen de la FBCF s'est élevé à 8,36% en moyenne par an de 1994 à 2000 (8% en équipements pour les sociétés non financières). La Suisse s'est constituée là un trésor de guerre économique. Pourquoi la Suisse réussit-elle là où d'autres pays peinent à placer leurs produits ? Quelles sont les biens spécifiques de la Suisse dans les échanges actuels de biens ?

Tableau S10 : Principales exportations de biens (en %)

	Valeur totale en milliards	**M A & E (1)**	**Produits chimiques**	**Métaux**	**Horlogerie**	**I P (2)**
2002	131,7	27,93	31,76	7,94	8,09	6,37
2003	135,7	23,52	33,11	7,22	7,88	6,61
2004	146,3	23,0	33,9	7,6	7,6	7,0
2005	157,0	22,33	34,9	7,4	7,9	7,3
2006	177,5	21,6	35,5	7,6	7,7	7,3
2007	197,5	21,85	34,8	7,85	8,1	7,1
2008	206,3	21,33	34,9	7,4	8,3	7,2
2009	180,5	18,8	39,75	5,8	7,3	7,7

(1) Machines, appareils et électronique
(2) Instruments de précision

Au plus fort de la conjoncture (2006 et 2007), les exportations ont augmenté de 20 milliards de CHF par an. Le tassement lié à la crise a été ressenti surtout par les MA&E, qui sont, pour l'essentiel, des biens d'équipement. Le nouveau bien spécifique – les produits chimiques, qui entrent pour 40% dans l'exportation – est moins sensible à la conjoncture. Deux autres postes comptent : chaussures et textiles. Il s'agit de chaussures spéciales (sport et montagne) et de textiles modernes faits dans des matériaux de pointe.

La Suisse s'est positionnée dans des niches à haute valeur ajoutée qui nécessitent technologies et ressources humaines de très haut niveau pour la conception et le savoir et de haut niveau pour le savoir faire au stade de la fabrication. Elle semble tirer profit de la spécificité, doublée de la qualité, de son système de formation : la voie universitaire réservée pour les meilleurs est couplée avec un système d'apprentissage qui donne une formation complète pour tous les métiers ; et la voie de l'apprentissage est honorablement vécue par les intéressés, à la différence de nombreux pays où elle s'apparente à un échec tant par l'intéressé que par l'entourage. Les processus de production sont maîtrisés avant l'entrée au travail.

La sensibilité à la conjoncture mondiale du commerce extérieur a également été réduite par la réorientation des exportations vers les pays émergents : la Suisse fait un excellent usage de l'intelligence économique et ses entrepreneurs, soutenus par des administrations et services vigilants, sont proactifs. Son seul compétiteur dans l'espace européen est l'Allemagne pour les deux premiers postes du tableau. La Suisse partage avec l'Allemagne les mêmes degrés d'exigences dans le respect de la qualité et du sérieux dans les affaires. Et d'ailleurs, la Suisse alémanique fait, à cet égard, figure de locomotive pour tout le pays.

Les exportations suisses, dont la valeur passe de 64 à 200 milliards de 1990 et 2008, sont orientées surtout vers les pays de l'OCDE : 82,4 % en 1990 ; 83 % en 2000 ; 81,9 % en 2005 et 78,1 % en 2008. Avec la seule Allemagne, les chiffres sont respectivement : 22,2 % ; 21,5 % ; 19,5 % et 19,7 %. La Chine s'y substitue avec 0,47 % ; 1,03 % ; 2,12 % et 2,83 % pour les mêmes années. Les destinations des exportations suisses en révèlent la solidité. Les exportations ont augmenté de 57 % entre 2001 et 2008, dégageant 40 milliards d'excédents de la balance commerciale des biens au total ; l'excédent s'est élevé à 20 milliards en 2010.

La situation récente montre que les exportations suisses sont moins sensibles aux cours de change qu'à la conjoncture mondiale : alors que les Etats Unis imputent leurs médiocres exportations au taux de change de certaines monnaies, la Suisse a continué à améliorer ses performances à l'export malgré l'appréciation soutenue de sa monnaie vis à vis de celles de ses compétiteurs : l'Euro, le Dollar US et le Yuan. Ce n'est que lorsque les changes ont baissé à 1,1 CHF/€ et 1,30 USD/CHF que la BNS s'est saisie du problème.

Les importations de biens ont augmenté bien plus lentement que les importations : 43,7 % de 2001 à 2008. Ce qui explique que les excédents aient atteint 11,4% du PIB en 2008. De 1999 à 2009, la part des machines, appareils et électronique dans les importations a diminué de 23,8 % à 18,3 % (sauf un pic de 24,6 % en 2000), celle des produits chimiques a augmenté de 17 % à 21,8%. Les voitures occupent le troisième poste, avant l'horlogerie, les instruments de précision et bijoux, et les textiles, habillements et chaussures.
La force du pays dans le commerce constitue en même temps sa faiblesse : plus des 2/5 de la richesse créée sont liés, en 2007, aux exportations de biens. Le pays est d'autant plus vulnérable qu'il est spécialisé dans des niches : machines et produits chimiques.

E. LA SUISSE DANS LE CAPITAL MONDIAL

Les investissements directs étrangers (IDE) constituent le poste le plus important des capitaux suisses à l'extérieur.

LES IDE

Le revenu du capital est historiquement excédentaire vu le niveau élevé des IDE suisses à l'étranger : le solde accumulé net depuis entre 1947 et 2008 dépasse 683 milliards de CHF. Comme le montre le tableau S11 :

Le pays a investi un total de 809 milliards et a reçu 467 milliards d'IDE.
Le différentiel est plus important avec l'Allemagne qu'avec les autres pays UE
Les USA sont la destination de choix ; ils ont reçu 18,5% des IDE suisses et entrent pour autant dans les IDE étrangers en Suisse. Mais le Dollar US recule dans les IDE.
Les USA viennent en 2ème position après la Hollande des investisseurs en Suisse.
Les banques et assurances entrent pour 164 milliards des IDE suisses à l'étranger à fin 2007. Ceci explique la destination US des IDE globaux suisses dans ce pays.
Singapour est une destination importante, certainement dans la finance.
La Suisse situe dans les pays développés la quasi-totalité de ses IDE. Ceci signifie qu'elle ne s'intéresse pas aux PVD.
La Chine est devenue une destination importante des IDE suisses.

Tableau S11 : Balance des IDE (en millions de CHF et en %) à 2008

IDE suisses à l'étranger		**Cumul I** **808'566**	Etrangers En Suisse	**Cumul II** **467'122**	Cumul I / II (%)
		Dont		Dont	
UE	**37.37%**	**302'179**	**71.21%**	**332'653**	**90.84%**
Allemagne	6.93%	56'043	8.16%	38'126	146.99%
France	4.35%	35'169	7.40%	34'578	101.71%
Angleterre	6.27%	50'718	2.06%	9'627	526.83%
Hollande	4.32%	34'891	20.05%	93'645	37.26%
Reste Europe	**8.94%**	**72'326**	0.70%	3'283	2202.77%
Amérique nord	**22.47%**	**181'674**	**18.86%**	88'079	206.26%
USA	18.48%	149'402	18.51%	86'471	172.78%
Amérique Latine	**19.46%**	**157'325**	**9.13%**	42'634	369.01%
Asie	**8.03%**	64'933	**0.80%**	3'756	1729.00%
Afrique	**1.65%**	13'351	**0.00%**	**0**	
Centres Offshore	7.14%	57'765	8.83%	41'257	140.01%
Cumul à fin 2008		**808'566**	fin 2008	**467'122**	**173.10%**

POSITION EXTERIEURE DE LA SUISSE

La Suisse a utilisé ses excédents historiques pour accumuler des avoirs extérieurs sur l'étranger qui dépassent largement ses passifs envers l'étranger; le solde excédant 750 milliards de CHF en 2007, est revenu à 664 milliards en 2008, du fait des pertes enregistrées par les ménages. Les investissements de portefeuille y entrent pour 313 milliards pour 341 d'IDE les produits structurés dégagent un excédent de 29 milliards et les autres actifs sont négatifs pour 345 milliards.

Les actifs de la Suisse sont plus profitables que ses passifs : cela s'explique d'abord par la position spécifique de la Suisse, pays d'accueil des dépôts bancaires faits sous le régime du secret dans le cadre de l'évasion fiscale et qui sont moins regardants aux produits. Cela ne doit constituer qu'une partie de l'explication : les dépôts bancaires entrent en compétition avec les IDE et les IP (respectivement 33,11 % ; 26,3 % et 26,2 %) dans les actifs de la Suisse ; au passif, les dépôts bancaires représentent 60 % du total. Une autre explication est liée à la faiblesse des taux d'intérêt au regard de la stabilité du CHF pour les dépôts bancaires et de la qualité de la dette souveraine pour les titres publics comme déjà vu. Les taux des revenus des actifs et de coûts des passifs sont calculés à partir des positions moyennes de l'exercice.

La structure des composantes de la position extérieure de la Suisse alloue les actifs aux deux monnaies principales (29 % en Euros et 26 % en USD) ; les actifs en CHF représentent 18,2 %. Le passif est libellé à 58 % en CHF, vu l'engouement pour cette monnaie, ce qui conforte l'explication du différentiel entre les rémunérations dans les deux sens ; l'USD entre pour 19 % et l'Euro pour 14 % ; les passifs libellés dans d'autres monnaies restent marginaux.

Tableau S12 : Position extérieure de la Suisse

Performances position extérieure de la Suisse (milliards CHF et %)

	2002	*2003*	*2004*	*2005*	*2006*	*2007*	*2008*
Actifs	**2'105**	**2'149**	**2'219**	**2'720**	**3'017**	**3'586**	**3'080**
Moyennes	2'162	2'127	2'184	2'469	2'869	3'301	3'333
Revenu	64	84	88	126	132	154	127
Moyennes	2.94%	3.93%	4.03%	5.12%	4.59%	4.67%	3.81%
Passifs	**1'570**	**1'595**	**1'659**	**2'104**	**2'389**	**2'833**	**2'417**
Moyennes	1'638	1'583	1'627	1'881	2'247	2'611	2'625
Coût	38	39	44	70	72	116	117
Moyennes	2.32%	2.47%	2.70%	3.70%	3.22%	4.43%	4.45%
Δ rev/coût	0.62%	1.46%	1.33%	1.43%	1.37%	0.24%	-0.6%
Revenu net	26	44	44	57	59	39	10
Acti – Pas	**535**	**554**	**560**	**616**	**628**	**753**	**664**

Les investissements de portefeuille ont atteint 1200 milliards en 2007, valeur qui a diminué de 262 milliards en 2008. Mais, ce sont surtout les « autres actifs », créances et actifs, qui ont chuté de 262 milliards de CHF en 2008, baisse compensée par celle pour 326 milliards des « autres passifs » : il s'agit, là, dans les deux sens surtout d'actifs et de passifs liés à la spéculation boursière ; cela concerne aussi bien les banques (opérations de négoce), et les entreprises non bancaires que les ménages. L'avoir net de la Suisse sur l'extérieur équivaut au total à 88517 CHF par habitant.

COMPTES DE PATRIMOINE DES MENAGES

Les ménages dégagent une épargne grâce à des revenus élevés mais également à une propension à épargner culturellement bien ancrée. Le principal poste d'endettement des ménages est constitué par les hypothèques (89% du total en 2000 et 92 % en 2008). Les prêts à la consommation sont faibles. L'endettement hypothécaire global excède légèrement le PIB pour une valeur de patrimoine de près de trois fois le PIB. En dépit de la pratique singulière de l'hypothèque perpétuelle, les ménages constituent leur patrimoine immobilier largement à partir de leurs revenus propres.

Tableau S13 : Compte de patrimoine des ménages en milliards de CHF

	2000	**2007**	**2008**
ACTIFS	2582	3159	3033
Dont actifs financiers	1606	1917	1718
Dont immobilier	977	1242	1315
PASSIFS (Financiers)	481	614	629
Dont hypothèques	428	565	581
Valeur nette patrimoine	2101	2544	2403
Valeur nette/habitant CHF	292000	334000	312000
Immobilier– hypothèques	549	676	734

La valeur totale des actifs des ménages représente plus de 6 fois le PIB de 2007 et la valeur nette du patrimoine par habitant est égale à 4,81 fois le revenu annuel moyen. C'est, là, le résultat d'un long effort d'épargne.

Pas de bulle immobilière : les prêts aux ménages ne constituent pas de risques pour les banques et restent d'un niveau global modéré et la BNS est vigilante ; les banques conservent une forte capacité de financement disponible pour les autres agents économiques. Les entreprises ne mobilisent qu'une partie limitée des ressources des banques suisses. La spéculation demeure une activité très prisée pour viser des taux de profitabilité élevés. Le goût du gain est très accentué chez les Suisses et le marketing «intelligent» des banques conjuguent leurs effets pour pousser de nouveau vers les risques. A défaut d'une réglementation fine et d'une supervision sans faille, les banques pourraient être tentées de prendre de nouveau des risques non maîtrisés.

C'est de là que pourraient venir d'éventuels déboires pour le pays. Les ménages suisses sont portés sur les placements financiers à risques : les gains et les pertes sur cette partie du patrimoine sont élevés et ont imprimé des fluctuations périodiques élevées à leur patrimoine : depuis 2001, trois périodes se sont alternées pour ce qui concerne les résultats :

- En 2001-2002, les pertes des ménages ont totalisé 233 milliards dont 132 sur les actions et 70 sur les droits sur les assurances et les caisses de pension (ACP) ;

- De 2003 à 2006, les ménages ont gagné un total de 256 milliards dont 141 sur les actions et 62 sur les ACP ;
- En 2007-2008, les pertes se sont élevées à 261 milliards dont 90 pour les actions et 84 pour les ACP.

Les pertes des ménages équivalent à deux fois leurs gains ; mais, cela n'a affecté ni leur propension à épargner ni leur engouement pour les produits risqués qui peuvent encore réserver des surprises.

F. L'ECOLE SUISSE DES FINANCES PUBLIQUES

Dans la tempête qui risque de faire émerger la non solvabilité de certains Etats de puissances de premier plan, et voire de lézarder l'ordre monétaire international, les finances publiques de la Suisse constituent un véritable benchmark. Avec une moyenne sur les 20 dernières années (1990-2009), de 35 % et un maximum de 37,2 % atteint en 2000, la pression fiscale globale (Fédération, cantons et communes) demeure bien en deçà des prélèvements opérés dans les autres pays développés. Elle suffit, néanmoins, pour couvrir l'essentiel des dépenses de toutes les administrations. Le cumul des soldes budgétaires sur la période totalise un déficit de 54 milliards de CHF, soit une moyenne, sur la période, de 0,64 % du PIB. Et depuis 2005, les budgets sont excédentaires avec un maximum de 2,05 % du PIB en 2007.

Conséquence directe, la dette publique reste très modique : un ratio minimum de 32,18 % du PIB en 1990, et un maximum de 55,31 % en 1998 ont été enregistrés pour diminuer à 40,81 % en 2009. Ce niveau de la dette publique, conjugué à une monnaie très stable, explique évidemment la modicité des taux d'intérêt, comme déjà vu. Le ratio coût de la dette publique / PIB a atteint un maximum de 2,09 % en 1995 et un minimum de 1,30 % en 2007.

Ces traits de force des finances publiques ont, principalement, deux explications :

- - le train de vie de l'Etat ne comporte, conformément à la culture protestante mais aussi du fait de la direction collégiale du Conseil fédéral, pas d'ostentation ; (maximum : 31% du PIB en 2003). Le moindre million de CHF est débattu âprement aussi bien pour le fonctionnement que pour l'équipement ;
- - diverses prestations même liées à la souveraineté sont payantes par les usagers : à titre d'exemple, la supervision et le contrôle des banques sont assurés par des cabinets internationaux pour le compte de la FINMA. Ils sont payés par les banques sans que cela ne pose un quelconque problème de conflit d'intérêts.

L'Etat suisse ne connaît ni dépenses militaires importantes ni dépenses de prestige même dans les situations protocolaires : à titre d'exemple, la Conseillère fédérale aux affaires étrangères, c.-à-d. la ministre des affaires étrangères, a énoncé, en conférence de presse, les retombées positives estimées attendues par la Suisse du Sommet de la francophonie organisé en novembre 2010 à Montreux. La retenue dans le train de vie de l'Etat est à l'image de la simplicité des dirigeants : il n'y a pas la paranoïa des dépenses de sécurité pour les politiques quel que soit leur rang. Ce n'est là pas l'un des moindres mérites du système de la présidence tournante de la Fédération entre les Conseillers. On retrouve la frugalité professée par la morale protestante.

G. UNE MONNAIE BIEN GARDEE

Partagés entre deux sièges l'officiel à Berne et le principal à Zurich les membres du Directoire se comportent davantage en techniciens qu'en officiels. Cela donne à la gouvernance de cette institution de premier plan dans le monde un caractère de haute technicité de la finance. En témoigne l'ingénieux plan de sauvetage concocté pour l'UBS en octobre 2008. En témoignent également les briefings que donnent régulièrement de manière généralement collégiale les trois membres du Directoire avec une répartition des rôles.

Les réserves monétaires (or et avoirs en devises) sont restées quasiment constantes de 2004 à 2008. Elles représentaient plus des ¾ du total du bilan. La BNS s'est engagée au printemps 2010 dans une course contre la dépréciation de l'Euro avec l'objectif d'éviter une chute des exportations et de l'activité, ainsi que la déflation : justifiée d'un point de vue stratégique, la cause était, cependant, perdue d'avance vu les proportions en présence. Les actifs se sont concentrés encore plus sur l'Euro : la part de cette monnaie est passée de 39 % du total des réserves monétaires lors de sa création à 44,1 % fin 2003 et à 64,5 % fin mars 2010. De mars 1999 à mars 2010, la part du Dollar US a été ramenée de 50 % à 22 %.
Actifs de la BNS depuis l'été 2007, à la veille de la crise.

Tableau S14 : Actifs de la BNS (en milliards de CHF)

	31.07.2007	**31.12.2009**	**30.06.2010**
Or & créances d'or	31.8	**38.2**	**45.0**
Placements de devises	47	**94.7**	**219.4**
FMI	0.4	**1.2**	**1.1**
Moyens paiement internationaux	0.4	**5.6**	**5.4**
Créances en CHF	21	36.2	0.8
Créances en USD	0	0	0.0
Avoirs de swaps contre CHF	0	**2.7**	0.0
Titres en monnaie locale	4.3	6.5	3.4
Prêt au Fonds de stabilisation	0	21	16.1
Autres	0.6	1.2	0.8
Totaux	**104.9**	**207.3**	**292.0**
Créances sur l'économie	25.3	63.7	20.3
Or & actifs en devises	79.2	136.8	265.5
Réserves monétaires / Total	75.50%	65.99%	90.92%

La BNS a enregistré des pertes comptables sur ses avoirs en Euros. Cela lui a été reproché mais peut-on dire ce qui se serait passé en l'absence de ces interventions ? La BNS affiche un total d'actifs en réserves monétaires – au sens de moyens de paiement extérieurs gagnés par le pays – de plus de 90 % d'un bilan qui a été multiplié par plus de 4 en 3 ans. Ceci renforce encore plus la valeur refuge que le monde reconnaît au Franc suisse, lequel a franchi la barre de la parité avec le Dollar US et atteint 1,06 en janvier 2011 et près de 1,20 début juin, alors que le Dollar valait 4,4 CHF dans les années 1960 et même plus de 6 en 1914.

Comment s'étonner que la Suisse soit plus que jamais le coffre du monde ? La détention d'avoirs en CHF se suffit à elle-même sans rémunération : l'appréciation continue à long terme de la monnaie compense très largement le manque à gagner en termes d'intérêts sur des monnaies à potentiel de dépréciation. Le pouvoir d'achat des fortunes mal acquises est préservé en CHF, même sans intérêts.

Phénomène nouveau : les variations de cours de changes révèlent que le CHF n'est plus seulement une monnaie périphérique de l'Euro : entre fin 2004 et juin 2011, l'amplitude de l'appréciation du CHF a atteint 28,4 % vis-à-vis de l'Euro et 37 % par rapport au Dollar US. Le CHF devient la monnaie de réserve de premier ordre face aux deux monnaies principales – Dollar US et Euro – l'une et l'autre étant handicapées par les déséquilibres des fondamentaux de leurs économies respectives, même si pour la zone Euro, cela n'est vrai que pour certains Etats. Le CHF est devenu la monnaie refuge par excellence. Cela n'a pas entamé la capacité du pays à dégager des excédents commerciaux : 20 milliards en 2010. Mais, la performance de 2011 du CHF sera-t-elle supportable au double plan du commerce extérieur et des risques de déflation ?

Dans les fortes turbulences consécutives à la libéralisation forcenée des économies occidentales, la Suisse semble se dégager comme modèle de stabilité en ce début du siècle. La main invisible, qu'est le marché, se double d'une autre main aussi invisible qu'efficace. Les chiffres que nous avons rencontrés se distinguent par la mesure et par l'équilibre. Equilibre dans l'affectation des richesses créées ; équilibre dans la destination de ces richesses ; qualité du choix des instruments de gouvernance économique doublée de concordance permanente sur les orientations et les voies à suivre.

Le très fort consensus social fonde des relations de confiance des citoyens dans la société, et entre gouvernants et gouvernés. Les gouvernants n'ont que le seul obstacle, permanent, de la volonté du peuple ; ils partagent le sens de l'austérité avec les gouvernés et ensemble, ils défendent becs et ongles le pays contre tout intrus. Pas de Suisses laissés sur le bord de la route du développement. Si à la différence des Français, les Suisses sont « gouvernables », c'est parce qu'ils sont associés de manière effective à la conduite de la chose publique. Cela ne signifie pas qu'il y a une répartition absolument équitable du revenu ni même que le pays n'est pas partagé en classes. Mais le pauvre accepte sa condition parce qu'il ne se sent pas rejeté par la société de classes.

CHAPITRE 5

PRODUCTIVITE DES FACTEURS ET POTENTIEL DE CROISSANCE

INTRODUCTION

Le potentiel de croissance de l'économie américaine est réputé élevé ; cette perception correspond-elle à une capacité effective ? Le privilège exorbitant dont bénéficie le Dollar US a conféré aux Etats Unis des capacités illimitées de création monétaire mais aussi d'endettement, qui ont alimenté la demande globale du pays sans que cela ne soit jamais considéré comme pouvant être un signe de faiblesse de son économie. Depuis le déclenchement de la crise, il ressort que le monde en a profité davantage que les Etats Unis. Les fortes turbulences que traverse le Dollar US, depuis le printemps 2009, révèlent que l'usage institutionnel fait de cette monnaie pour sauver la dette privée puis surtout la dette publique est rattrapé par la déconnexion croissante entre expansion des liquidités Dollars US, d'une part, et niveau de la production américaine, d'autre part. Le voile a fini par se dissiper pour le Dollar.

Le graphe «OCDE/ANGUS MADDISON» qui donne la part du PIB de différents pays dans le PIB mondial montre que le PIB des Etats Unis, parti de 2 % en 1820, a dépassé 10 % en 1900, et 20 % en 1920 ; il cède du terrain au profit de l'Europe dans les années trente, mais dépasse les 35 % durant la Seconde guerre mondiale. Même 26 % dès 1947-48, la part de l'économie US dans le monde, à égalité alors avec l'Europe, justifiait la position de monnaie de réserve internationale. Cette part ne cesse de diminuer surtout au cours de la dernière décennie.

Des voix s'étaient élevées au milieu des années 2000 pour mettre en garde le monde contre l'oubli de l'histoire. Anne Pettifor a écrit, en 2006 dans The Coming First World Debt Crisis : « c*e qu'on appelle le Premier Monde sera englué dans un magma de dettes qui a causé tant de tort depuis les années 80 aux pays du Tiers Monde* ». Un an plutôt, la Banque des règlements internationaux avait fait observer que « *Le gonflement de* *l'endettement national et international a créé des conditions propices à des crises économiques et financières mondiales* ». Ces voix ne pouvaient être entendues à l'époque. La rigueur était imposée aux autres, même si la dérive à long terme du Dollar US sanctionnait déjà d'une certaine manière, les excès.

La crise bancaire a été éteinte par les Etats avec la ressource publique. Aux Etats Unis, les chiffres sont plus élevés qu'ailleurs parce que la crise de la dette a affecté les ménages. L'endettement suivait « *L'idée que les Etats Unis étaient différents du reste du monde, ce qui donnait à l'Etat, aux consommateurs et aux sociétés américaines carte blanche* ». Cette idée est entrain de s'éroder. Différents pays procèdent à la dédollarisation subreptice de leurs économies et/ou leurs réserves de change : la BNS a ramené la part du Dollar US dans ses réserves monétaires de 80 % en 1991 à des niveaux entre 25% et 30% depuis 2004. C'est donc une tendance lourde de désaffection officielle à l'égard de cette monnaie.

Le choc de la crise a amené les centres les plus importants à reconsidérer la capacité des modèles macroéconomiques à pénétrer l'avenir. La crise n'avait pas été anticipée par leurs modèles, et, de surcroît, l'importance du facteur émotif des acteurs a ajouté à la panique des prévisionnistes : en 2008, au lendemain de la chute de la banque Lehman Brothers, l'indice Vix ou « Indice de la peur » qui mesure la volatilité implicite des cours de bourse aurait grimpé jusqu'à 80 points pour des valeurs de 10 à 15 en temps normal.

Le métier de prévisionniste en économie est devenu vraiment une affaire de voyeurisme en raison de l'importance incommensurable qu'ont prise les marchés dans les déroulements des séquences des variables économiques et financières. Emblématiques, les marchés financiers, surtout, conjuguent la taille des affaires en mouvement, l'instantanéité des réactions et des transmissions en chaine dans le monde, et enfin l'opacité des transactions les plus volumineuses (le secteur non régulé représentait, avant la crise, 20000 milliards de Dollars US équivalent pour un total estimé à 11000 milliards pour les affaires liées aux métiers bancaires régulés). Même s'il y a des price makers, les réactions dans les marchés financiers relèvent de comportements moutonniers dans l'exubérance irrationnelle. Les opinions des agences de notation sont seules à les influencer.

Que les investisseurs soient obligés effectivement d'intervenir dans une situation de crise, pour honorer des engagements contractuels, ou qu'ils cherchent par eux-mêmes à se prémunir, le mouvement, s'il est tempétueux, peut avoir des impacts cataclysmiques pour les marchés et, donc, pour les équilibres. Ce sont précisément de tels chocs qui ne sont pas prévisibles. Les modèles de normalité utilisés ne prennent en compte que les situations normales. Ils ne sont pas conçus pour intégrer les chocs systémiques.

L'importance finale du choc ne peut pas être perçue dès le départ. C'est ainsi que la crise des « subprime mortgage » devait, selon le président de la FED en date du 19-07-97, entraîner des pertes sur les créances associées, « entre 50 et 100 milliards de Dollars US ».

La FED n'est pas dans l'incapacité d'appréhender les risques qui s'attachaient aux « subprime » (elle ne s'y est même pas intéressée) ; mais elle ne pouvait lire dans les combinaisons de titres auxquels les banques procédaient dans la technique de titrisation. Elle ne pouvait – l'a-t-elle voulu ? – anticiper les déséquilibres financiers susceptibles d'en résulter, et ne pouvait en apprécier l'ampleur, même une fois les marchés emballés. Il n'y a pas et il n'y aura pas de modèle susceptible d'intégrer toutes les variables qui interviennent dans la chaîne de formation des prix.

Les produits structurés interagissent avec les marchés d'actions et d'obligations ; ces interactions ne sont pas modélisables ; elles ne sont pas identifiées et les courroies de transmission des difficultés des différents actifs financiers à l'économie réelle sont à explorer et à construire. Les liens entre sphère financière, dans l'ensemble de ses composantes actuelles, et sphère réelle sont d'autant plus difficiles à établir et à plus forte raison à quantifier que les produits qui composent la première demeurent insondables en l'état actuel.

Les ressources vont à la spéculation ; à l'émergence de la nouvelle économie, elles allaient aussi vers les nouvelles technologies qui offraient des rendements plus élevés que les secteurs traditionnels. Logique de « destruction créatrice » de Schumpeter. Banques et marchés financiers ont accéléré les difficultés des acteurs économiques qui n'intervenaient pas dans les nouvelles technologies, quand ils n'œuvraient pas simplement à leur perte. Or, la disponibilité de la ressource et son coût sont déterminants pour les niveaux de production susceptibles d'être réalisés.

L'approche par l'offre, privilégiée par l'école néolibérale dans l'analyse des mécanismes économiques et des comportements des acteurs se double d'une approche par la demande dans le cas du concept du potentiel de croissance. Mais, voyons d'abord ce qui se passe dans les équations de productivité.

A. LES FACTEURS DE PRODUCTIVITE

LE FACTEUR CAPITAL

De grandes déformations affectent sa valorisation et, par suite, la mesure de sa contribution aux richesses qui sont créées. Le capital patrimonial est de retour ces derniers temps, avec l'accélération de bulles immobilières. Ceci impose une reformulation de l'équation capital-revenu et, donc, de la productivité par le capital.

En tant que facteur contribuant à la production de biens et services, le capital revêt plusieurs formes et contenus : le capital physique et le capital financier. Le stock de capital physique est identifié à sa valeur historique dans les comptes de l'entreprise propriétaire. Le taux d'amortissement pratiqué, qui renseigne sur sa durée de vie opérationnelle, est décidé à partir d'un certain nombre d'éléments au niveau de l'entreprise :

- le secteur technologique dans lequel se situe l'activité ;
- la rapidité avec laquelle l'obsolescence est atteinte ;
- les dispositions fiscales applicables aux amortissements ;
- la capacité de l'entreprise à supporter dans ses coûts des taux d'amortissements élevés ;
- son accès aux financements à des coûts non prohibitifs.

La contribution à la production que mesure la productivité partielle du capital est donnée par le ratio production intérieure en volume sur le stock de capital exprimé également en volume. Comme pour les autres facteurs, le ratio exprime la productivité marginale d'une unité additionnelle de capital, qui détermine la décision d'investir.

PROBLEMES D'ORDRE METHODOLOGIQUE

La construction du stock de capital renvoie à des problèmes de méthodologie. On peut les ramener à deux :

- le partage de la valeur du stock de capital entre volume et prix s'impose pour mesurer la productivité sur une période considérée : une série temporelle doit donc être déflatée du prix qui affecte le stock dans le temps. Et c'est beaucoup plus compliqué pour le stock de capital que pour les flux de production.
- La méthode utilisée étant celle de l'inventaire permanent, il faut soustraire les actifs retirés et ajouter les nouveaux ; mais alors, le retrait correspond-il à la fin de la dotation aux amortissements pour le capital ou à son retrait

effectif ? Il faut régler le problème de correspondance entre agrégats comptables et indicateurs économiques qui les représentent. On sait que toute agrégation passe par des simplifications ; et celles-ci peuvent finir par déformer à des degrés divers la réalité.

Les économistes qui travaillent sur des modèles ne s'arrêtent pas à ce niveau de détail. Pour Michel Aglietta, « *le capital s'accumule avec l'épargne et se réduit par dépréciation et dilution* ». Un autre problème surgit quand on s'intéresse à la productivité du capital : celui-ci, sous sa forme physique, comprend deux catégories de moyens : les constructions et les équipements. Dans les activités industrielles de transformation la productivité n'est pas indifférente à la part relative des deux composantes du capital. Rien ne permet de considérer que les structures des moyens sont équivalentes dans les pays considérés. Pour expliciter l'importance de cet aspect, il peut être fait recours à deux exemples extrêmes :

- L'Algérie a opté pour un modèle de développement fondé sur ce qui a été appelé à l'époque «industries industrialisantes» basé sur des usines de grande taille dans différentes branches. Ces usines devaient faire appel à des équipements que les Algériens ne connaissaient pas ; elles ont été abritées dans des constructions réalisées en dur comme des bunkers dans les mêmes matériaux que le résidentiel. Génie civil et bâtiment ont alourdi le prix final, avec cette précision que le coût des équipements n'a pas été maîtrisé au mieux et se doublait, de surcroît, de celui de l'assistance technique au démarrage.

- Le Japon a logé, quant à lui, ses industries de pointe dans des baraques très vite installées, et qui peuvent facilement être déplacées. Le coût de ces abris ne devait représenter qu'une faible part des prix totaux des unités industrielles. Mais, les technologies étaient parfaitement maîtrisées et les produits fabriqués ont rapidement inondé le monde.

Sans préjudice de la maîtrise des processus de production, il est incontestablement beaucoup plus facile d'obtenir des productivités élevées dans les unités japonaises que dans les usines algériennes, dont ne restent aujourd'hui pratiquement que les constructions.

Un autre aspect est important : le taux d'intérêt réel mesure le coût d'opportunité de la détention des stocks ; a fortiori, quand il s'agit de stock de capital fixe dont la durée de vie se compte par années. Le coût final des investissements augmente avec le taux d'intérêt réel. Depuis que l'inflation a été ramenée à des taux très bas le taux d'intérêt réel a eu tendance à augmenter. Ceci n'est pas valable que pour les entreprises qui sont financées par les banques. Si on a, là, une des explications de la baisse des taux d'investissements, on ne peut rien conclure à propos de l'impact final sur la productivité du capital. Et, en dépit de la baisse du taux d'investissement, le capital physique est globalement sous exploité : les nouvelles technologies investissent pendant que le potentiel de l'ancienne économie est en état de désaffection.

Il y a, donc, à considérer que les données sur lesquelles se fondent les calculs de productivité du capital sont biaisées de ce fait. Elles ne sont, à tout le moins, pas homogènes durant l'émergence de la nouvelle économie ; cela déforme les comparaisons.

C'est au regard des taux d'intérêt et des difficultés de l'ancienne économie à se financer que s'est développé le leasing. Le capital physique n'appartient pas à l'entreprise, et sa participation à la production est repérée par des charges dites d'exploitation. Ce type de capital est-il pris en compte

dans les moyens de production servant de base de calcul à la productivité du capital au niveau macroéconomique ? Le leasing est arrivé d'abord aux USA.
Les trois pays traités ici sont au même niveau de maîtrise des technologies ; mais, la structure des investissements y est-elle sensiblement identique? Si ce n'est pas le cas, la productivité du capital est affectée par ces composantes de manière différenciée. Nos investigations ne nous ont pas permis de remonter à des séries anciennes pour la productivité du capital en Suisse mais, en France, des études ont été faites qui couvrent le XIXème siècle. Yusuf Kogoglu mentionne dans « La productivité du capital productif fixe sur longue période – Une analyse empirique sur la France », des chiffres extraits d'études diverses sur le sujet. Mais, les résultats des calculs faits par les uns et les autres diffèrent pour les périodes étudiées. Yusuf Kogoglu retient alors des moyennes.

EQUATIONS DE BASE

La croissance des valeurs ajoutées et du PIB procède de variations des quantités de facteurs de production mis en œuvre, ainsi que des intensités avec lesquelles ils le sont les uns et les autres. Par composante comme pour l'ensemble des branches, la fonction de production peut être repérée par les variables :

- E les effectifs de personnel ;
- W la quantité de travail correspondante ;
- SK le stock de capital physique ;
- PK la productivité du capital physique ;
- PW la productivité du travail ;
- TF le tiers facteur qui désigne le progrès technique ;
- PTF la productivité du tiers facteur (ou progrès technique) ;
- PMF la productivité multifactorielle (productivité globale).

Si Δ désigne la variation annuelle de chaque indicateur en volume, l'équation des contributions des facteurs à la valeur ajoutée s'écrit :

$$(1+\Delta VA) = [(1+\Delta E)*(1+\Delta PW)]*[(1+\Delta SK)*(1+\Delta PK)]*(1+\Delta PTF)$$

$$\text{Avec } (1+\Delta PW)*(1+\Delta PK)*(1+\Delta PTF) = (1+\Delta PMF)$$

Pour la période récente, des chiffres officiels sont disponibles pour chacun des trois pays considérés. Cependant, les chiffres ne valent qu'avec les réserves rappelées ci-avant. De plus, ils posent ici et là des problèmes de cohérence entre les différentes sources. En effet :

Les statistiques de l'OCDE affichent les chiffres pour :

- La productivité multifactorielle, sensée intégrer l'ensemble des facteurs de productivité (W, K et TF) ;
- La productivité du travail ;
- La productivité du capital sous la dénomination « Services du capital par type d'actif (total basé sur les indices de prix *harmonisés* pour les biens d'équipement TIC »).

L'Office fédéral suisse (OFS) des statistiques affiche les données pour la productivité du travail et celle du capital pour la période 1992-2008 seulement mais pas pour la productivité du TF. Les statistiques de l'INSEE en France fournissent les données de la productivité du travail mais pas celle du capital. Pour les Etats Unis, il y a une profusion de chiffres pour la productivité. Il y a, alors, un problème de traitement de l'information de base, surtout pour la productivité du capital, qu'il faut solutionner.

Les moyennes entre les différentes sources qui ont été retenues par Y. Kosoglu donnent pour la productivité les évolutions suivantes en moyennes annuelles :

- -1,6 % pour la période 1930-1938 ;
- 5,2 % sur la période 1949-1973 ; les investissements ont cru, quant à eux, au taux moyen annuel de 6,8 % ;
- 2,1 % sur la période 1974-1997.

L'école néomonétariste cible l'offre de biens de services pour toute politique publique, laquelle est tout juste tolérée, puisqu'il ne faut de toute façon pas contrarier les équilibres qu'assure le marché. La crise a apporté la démonstration que le marché peut bien être en situation de défaillance et que l'Etat ne peut pas rester absent, ni de la scène de la demande, ni de celle de l'offre. L'arrivée de produits chinois sur le marché a bouleversé la donne. Cette arrivée traduit l'intensification de la concurrence planétaire sur la main d'œuvre : l'offre de travail utile globale a explosé et a provoqué un important excès du facteur travail et, par suite, une baisse mondiale des coûts salariaux. Ce qui affecte la localisation des moyens de production, et agit aussi sur la géographie de la demande mondiale.

Nous avons successivement :

1. Considéré la productivité multifactorielle, celle du travail et celle du capital disponibles sur le site OCDE comme des données, et en avons inféré le progrès technique en posant :

$$(1+\Delta PTF) = (1+\Delta PMF)/ ((1+\Delta PW)*(1+\Delta PK))$$

2. Considéré comme un tout le groupe productivité du capital et progrès technique (K*TF) et l'avons calculé à partir de :

$$(1+\Delta PK)*(1+\Delta PTF) = (1+\Delta PMF)/ (1+\Delta PW)$$

3. Pris, dans le cas de la Suisse, la productivité du travail dans les statistiques de ce pays et la productivité multifactorielle dans celles de l'OCDE et calculé le quotient, à savoir l'ensemble progrès technique et productivité du capital. Nous l'avons appelé suisse ; nous le comparons au quotient (PMF/PW) de l'OCDE.

$$[(1+\Delta PK)*(1+\Delta PTF)]_{ch} = (1+\Delta PMF)_{ocde} / (1+\Delta PW)_{ch}$$

4. Pour la Suisse, le produit (1+ΔK) OCDE par (1+ΔW) suisse et avons dégagé le progrès technique à partir de ces données et de (1+PMF) de l'OCDE, comme suit :

$$(1+\Delta PTF) = (1+\Delta PMF) / ((1+\Delta PK)_{ocde}*(1+\Delta PW)_{ch})$$

Les variations annuelles moyennes calculées sont :

1. Le progrès technique calculé se présente comme suit :

ΔProgrès technique comme facteur résiduel de productivité (en%)

	1985-90	1991-95	1996-00	2000-05	2005-09
Suisse	ND	-3,76	-4,29	-3,09	-3,0
France	-3,84	-4,01	-5,18	-4,71	-4,25
USA	-4,94	-4,00	-7,05	-4,80	-4,23

2. Le groupe capital & progrès technique dégagé des chiffres relatifs à PMF et PW de l'OCDE se présente ainsi pour chacun des pays :

ΔEnsemble progrès technique&capital (en %)

	1985-90	1991-95	1996-00	2000-05	2005-09
Suisse	ND	-0,93	-0,80	-0,53	-0,27
France	-0,82	-1,01	-0,66	-0,67	-0,52
USA	-0,57	-0,57	-0,82	-0,84	-0,79

3. Le même groupe capital & progrès technique se présente ainsi pour la Suisse à partir des chiffres suisses et OCDE respectivement :

ΔEnsemble progrès technique&capital (en %)

1991-95	1996-00	2000-05	2005-09
22,52	10,25	5,81	18,20

4. Le progrès technique comme facteur résiduel seul calculé pour la Suisse à partir de sa propre productivité du travail et de la productivité du capital calculée par l'OCDE donne :

- -22,2 % en 1992 ;
- +19,2 % en 2000 ;
- -24 % en 2008.

INTERPRETATIONS

Les résultats du 4. peuvent difficilement être retenus pour estimer les composantes de la productivité des facteurs. En effet, le progrès peut-il avoir une telle volatilité et de telles valeurs absolues dans un pays dont l'économie est mâture avec une grande maîtrise des technologies ?

Les résultats obtenus en 2. et 3. sont en contradiction totale pour la Suisse (calculs faits à partir des chiffres suisses, pour 2. et calculs faits à partir de sources combinées pour 3.).
Les chiffres du 1. montrent que la variation de la productivité du progrès technique a été négative sur chacune des périodes et pour chacun des pays. Cela laisse perplexe.

Pour les USA, l'étude intitulée « The computer productivity paradoxe » de Will Hamlin et Max Euenstern (février 2009) fait ressortir que :

- La croissance moyenne de la productivité (multifactorielle) a été de 2,7 % de 1949 à 1973 ; de 1,5 % de 1974 à 1995 et de 2,5 % de 1995 à 2007.
- Le capital a contribué à la croissance à hauteur de : 1,14 % entre 1959 et 2006 avec les valeurs périodiques ci-après : 1,4 % jusqu'en 1973 ; 0,85 % de 1973 à 1995 ; 1,51 % de 1995 à 2000 et 1,26 % de 2000 à 2006.
- La contribution des IT n'est élevée qu'entre 1995 et 2000, avec 1,01 % ; elle tombe à 0,58 % entre 2000 et 2006.

Ces derniers chiffres confirment le rôle prépondérant des IT dans la croissance des Etats Unis à la fin des années 90, mais ne sont pas tout à fait en cohérence avec ceux de l'OCDE : la productivité du travail a cru de 2,7% selon l'étude en question, mais n'est que de 2,33% selon l'OCDE ; cela peut être imputé à des différences de définitions.

Le taux de croissance annuel moyen des investissements IT a été de 22,2 % à cette période-là. C'est le secteur de

production des IT qui a tiré alors principalement la croissance, et, à un degré moindre les investissements massifs dans les secteurs utilisant les IT. Il est difficile d'admettre que le progrès technique a eu un impact négatif sur les performances de l'outil de production US ; ainsi d'ailleurs que dans les deux autres pays durant la période sous observation, et, aussi, que la valeur absolue de cet impact a été plus élevée aux Etats Unis qu'en Suisse et en France surtout à la fin des années 90.
Cela signifie que l'intensification des IT dans les processus de production aurait fait baisser la croissance aux Etats Unis.
Or, le taux de croissance a été élevé à la fin des années 90 aux Etats Unis. De plus, les investissements IT sont structurants ; ils impulsent les innovations dans les produits et les processus. Des calculs faits sur la productivité et associant « Le Bureau of Labor Statistics (Office of Productivity & Technology)» et «Le Bureau of Economic Analyisis» accessibles sur le www.bls.gov/mfp/mprtech donnent les résultats suivants pour les contributions à la productivité, en termes de variations d'outputs par unité de chaque type d'input :

Contributions de	1948-73	1973-90	1990-95	1995-00	2000-07
Travail	0,2	0,2	0,5	0,2	0,2
l'intensité du K	0,8	0,8	0,6	1,2	1,0
l'intensité du K info	0,1	0,4	0,5	0,9	0,6
l'int autre que K	0,7	0,3	0,1	0,2	0,4

La contribution du travail a été très basse et quasiment constante. Celle du capital est plus élevée, depuis 1995 surtout. A la fin des années 90, les IT qui accentuent la contribution du capital. La contribution supérieure du capital provient déjà de la plus grande intensité du capital dans le processus de production ; ne vient-elle pas aussi d'une plus grande productivité de l'unité de capital ? Les calculs livrés dans le site montrent, pour l'ensemble des activités privées, agriculture incluse, que la productivité du capital n'a cru en moyenne que jusqu'en 1973 :

Output/	1948-73	1973-90	1990-95	1995-00	2000-07	07-09	1948-09
Heure	3,3	1,6	1,5	2,9	2,7	2,9	2,6
Unité K	0,3	-1,0	-0,3	-0,9	-0,5	-3,6	-0,4

C'est la productivité du travail qui est en moyenne positive sur les différentes périodes depuis 1948.

INVESTISSEMENTS ET TAUX D'UTILISATION DES CAPACITES

Les taux d'utilisation ici et là des capacités de production peuvent-ils éclairer le débat ? Sur le long terme (1972-2010), le taux est, aux Etats Unis, de 79,1% pour le secteur manufacturier, avec des pointes de l'ordre de 85 % en 1988-89 et en 1994-95. Mais il est faible (74,8% de 2001 à 2010 et même 65,4 % en 2008-2009). En France, le taux d'utilisation global de l'ensemble des capacités a été de 83,6 % en moyenne de 1978 à 2010. La différence est de 4,5% entre les deux pays sur le long terme.

Un faible taux d'utilisation du capital physique signifie que partie au moins des capacités n'est pas ou n'est que peu utilisée – ce qui a pour effet de lester la productivité du capital pour l'ensemble de l'appareil de production ; c'est le cas au début du siècle pour deux raisons : coexistence des deux économies, ancienne et nouvelle, et surtout difficultés de l'ancienne dont on a vu qu'elle était en cours de démantèlement. Les faibles taux d'utilisation des capacités contrarient les potentialités productives d'un pays en décourageant de nouveaux investissements. Et de fait, les Etats Unis investissent peu et épargnent encore moins. Les faibles taux d'investissement et d'utilisation des capacités sont révélateurs du désengagement des Etats Unis d'activités industrielles depuis 2000.

Le tableau qui suit donne les indicateurs de productivité des deux facteurs de base selon la FED de Dallas ; nous avons calculé le progrès technique à partir de ces chiffres.

Indicateurs de variations productivités en % selon le site « dallasfed »

	1999	2000	2001	2002	2003	2004
Travail	0.024	0.012	-0.018	-0.019	-0.05	0.01
Capital	0.069	0.066	0.05	0.034	0.028	0.025
Multifactorielle	0.018	0.017	0.008	0.024	0.026	0.026
PT calculé	6.27	7.13	7.78	7.93	11.02	4.12

Les chiffres sont là aussi différents de ceux rencontrés jusqu'ici. Mais, alors, n'y a-t-il pas problème sur les données qui servent aux travaux sur le potentiel de croissance ? La réalité est unique mais les valeurs sont multiples.

EPARGNE ET INVESTISSEMENT

Les taux d'investissements ne peuvent être élevés sur le long terme en l'absence d'un taux d'épargne correspondant que si on recourt à l'endettement extérieur de manière inconsidérée.

Les taux d'investissement US dans le non résidentiel, c'est-à-dire dans l'appareil de production, se situent entre 2001 et 2008, entre :

- 10 % et 11,7 % pour les constructions ;
- 1,2 % et 1,44 % pour les équipements industriels.

Une part importante de la FBCF prend donc la forme de structures mais aussi d'incorporels (software) dans les équipements.

L'épargne nette dans les trois pays a été sur la période 1990-2008.

Epargne / PIB en %

	1990-2008	2000-2008
Suisse	14,5	15,1
France	7,5	7,5
USA	4,2	3,2

La période récente accentue la tendance de baisse de l'épargne aux Etats Unis, à partir de son niveau déjà très bas observé avant 2000. Avec un taux d'épargne moyen de 3,5 % sur la période 1995-2008, les Etats Unis ont un taux de formation brute de capital fixe de 18,8 %. La FBCF est financée par l'épargne, la consommation des fonds fixes, laquelle est prise en charge par les valeurs ajoutées en tant que charge dans le processus de production, et par la variation des stocks, qui augmente (en cas de baisse des stocks) ou diminue (en cas de hausse des stocks) la capacité de financement. L'écart entre épargne nette et FBCF est tel que la somme (consommation de fonds fixes + variation des stocks) ne correspond qu'à une part congrue du besoin de financement dans l'économie américaine. Le pays doit donc recourir au reste du monde pour la différence.

La Suisse a réalisé une FBCF de 22,7 % en moyenne annuelle et a dégagé, en outre, une capacité de financement de 648 milliards sur la période 1990-2008 (34 milliards par an), grâce à son épargne élevée, devenant un grand exportateur de capacité de financement, parmi les plus importants du monde, derrière la Chine et quelques pays exportateurs d'hydrocarbures.

La France occupe, à cet égard, une position intermédiaire. Le taux d'épargne brute, selon les statistiques de l'INSEE, s'est élevé à :

- 18,9 % de 1980 à 1989 pour un taux de FBCF de 21,3% ;
- 19,8% de 1990 à 1999 pour une FBCF moyenne de 19,4 %.

La FBCF a été de 20,3% en moyenne du PIB de 1970 à 2009. La France couvre globalement son effort d'investissement sur le long terme. L'effort d'investissement de 2000 à 2008 y a cru en volume de : 2,45 % en moyenne annuelle pour l'ensemble, de 3,18 % pour les produits de l'industrie et de 4,94 % pour l'automobile. Il est concentré dans l'industrie, surtout automobile, mais ne semble pas donner assez de résultats pour la compétitivité du secteur. Pourtant, il s'accompagne de taux d'utilisation élevés des capacités globales de l'économie (85% de 2006 à 2008). Le taux pour l'automobile est faible ; est-ce cela qui donne une faible productivité du capital ?

B. LE POTENTIEL DE CROISSANCE EN QUESTION

Les modèles les plus sophistiqués sont restés muets sur la crise ; celui du « potentiel de croissance » en fait partie. Pourtant, il devait permettre aux gouvernements de recourir à des politiques et des instruments pour utiliser pleinement et sans risque d'inflation toutes les potentialités économiques.

FINALITE DU CONCEPT

Le potentiel de production ici utilisé est celui traité dans le N° 24 « Economic studies » de l'OECD par l'équipe Claude Giorno, Pete Richardson, Deborah Roseveare et Paul van den Noord sous le titre : *Potentiel output, output gaps and structural budget balances.*

C'est pour répondre au souci du secrétariat de l'OCDE d'avoir un indicateur unique pour estimer les développements inflationnistes et les équilibres structurels du budget que des mesures du potentiel productif ont été développées aux fins d'agrégation des capacités d'offre de l'économie et d'estimation d'une croissance soutenable sans risque d'inflation. La démarche consiste à s'intéresser au trend de développement du stock de capital, de la force de travail et du facteur productivité pour répondre à la question : quel degré de soutien ou au contraire de restriction le gouvernement pourrait-il apporter face à/pour une demande additionnelle en isolant les impacts des facteurs cycliques dans le budget de l'administration ?

La réponse est apportée par recours au concept gap de production, à savoir la réserve de croissance qui est susceptible d'être exploitée à l'intérieur d'un cycle économique sans inflation. L'inflation qui est dommageable et qu'il faut donc absolument éviter est celle qui résulterait de niveaux de chômage (en-deçà du seuil de chômage naturel) qui augmenteraient les salaires. C'est le travail qui est la variable d'ajustement pour optimiser la croissance soutenable sans mettre en surchauffe le marché du travail. La démarche fait appel au « NAWRU : non accelerating wage rate of unemployment ». On abandonne la méthode de régression qui était appliquée à des séries temporelles pour aller vers une mesure unique du potentiel output. Mais pas tout à fait. Le doute persiste.

LIMITES METHODOLOGIQUES RECONNUES DES INSTRUMENTS

En effet, le secrétariat de l'OCDE ne tranche pas entre les deux éléments de l'alternative suivante pour le calcul des équilibres du budget sur le moyen terme :

- Utiliser le filtre de Hodrick-Prescott, un instrument de type statistique pour mesurer le trend attendu du PIB, et, donc, rester dans la méthode de régression ;
- Estimer : i) le potentiel output au moyen d'une fonction de production et ii) les facteurs disponibles dans l'économie.

Les auteurs reconnaissent que l'aide au choix entre stimulation et restriction du budget que la démarche est sensée apporter demeure fortement limitée dans les deux cas. Dans la méthode du trend, les outputs gaps sont faciles à calculer dès lors que les pics du cycle ont été fixés, et le cycle défini. C'est seulement à l'intérieur du cycle qui a déjà commencé que les pics peuvent être identifiés ; encore le timing et le niveau du prochain pic restent-ils difficiles à connaître. Sauf à admettre que le trend obéit à déterminisme pour le cours du cycle. Mais peut-il y avoir déterminisme en économie ? Les mêmes causes produisent les mêmes effets, mais il est difficile d'identifier toutes les causes du moment et, surtout, d'en connaître la pondération. Or, la réalité est mouvante ; de plus, son évolution est déterminée par sa perception par les acteurs économiques, et surtout les plus importants d'entre eux – qui font la décision – mais aussi, selon la théorie néolibérale elle-même, par les anticipations des uns et des autres.

La méthode alternative qui fait appel au filtre de Hodrick Prescott pêche, selon l'aveu des auteurs, par le recours à un multiplicateur appelé λ d'autant plus arbitraire qu'il détermine la variance, c'est-à-dire la distribution et donc l'orientation qui sera retenue du cycle.
Les auteurs reconnaissent qu'ils font appel à de nombreuses suppositions, ce qui risque de vider les instruments de leurs valeurs scientifique et même opérationnelle.

LES RESULTATS
Les chiffres affichés pour la période 1986-96 donnent (en %) :
a) Pour les Etats Unis :
- Un potentiel output qui baisse de 2,9 en 1986 à 1,9 en 1990 pour remonter à 2,7 en 1996 et même 2,8 en 1995 ; pour la période, la moyenne arithmétique est de 2,46.
- Un NAWRU qui fluctue entre 5,7 et 6,2 avec les valeurs les plus basses associées aux niveaux du potentiel les plus bas.
- Des taux de chômage variant dans la fourchette 5,3-7,4, les valeurs les plus faibles correspondant aux niveaux les plus bas des potentiels et des NAWRU.
- Le potentiel des taux de croissance du PIB (GDP growth rates potentiel) calculé en tant que moyenne de 3 méthodes, se situe à l'intérieur d'une fourchette 2,0-2,5, avec 2,32 de moyenne arithmétique.
- L'output gap potentiel correspondant est négatif pour les années 1990-1992 mais l'indicateur atteint 2,2 en 1988.
b) Pour la France :
- Un potentiel output qui ne passe sous la barre de 2 que pour 1993 ; avec une moyenne arithmétique de 2,44.
- Des NAWRU entre 8,9 et 9,2.

- Des taux de chômage élevés : entre 8,9 et 12,6.
- Le potentiel des taux de croissance calculé reste entre 1,9 et 2,6 avec une moyenne de 2,24.
- Les outputs gap potentiels sont négatifs sauf en 1988-1989.

Cela signifie que les Etats Unis disposent d'un output gap moyen sur la période de l'ordre de 0,6 alors que la France « surexploite » son potentiel pour l'équivalent de 1,4. De sorte qu'elle doit faire de la consolidation budgétaire. Les chiffres des finances publiques des deux pays montrent que chacun d'entre eux enregistre des déficits budgétaires sur toute la période considérée. La somme des déficits, à partir des chiffres affichés par le site de l'OCDE, est de 41,3% des PIB pour les USA et de 36,9% pour la France. Il est vrai que la tendance est, pour ce dernier pays à l'aggravation, alors qu'elle est à la baisse pour les Etats Unis, surtout à la fin de la période.

Les Etats Unis ont effectivement augmenté sensiblement l'emploi dans l'administration durant la période : pour les « administrative and support services », l'indice de l'emploi 1996/1986 est de 186,7 alors qu'il est de 119,8 pour les activités privées et que les secteurs primaire et secondaire perdent des emplois, leurs indices respectifs 1996/1986 étant de 0,87 et 0,97. Certes, le niveau des emplois administratifs n'est pas significatif nécessairement de l'orientation des politiques budgétaires ; il n'en reste pas moins que ces emplois ne peuvent logiquement augmenter en contexte de consolidation budgétaire.

En Amérique, la période récente a connu plus de suppressions de postes de travail : en 2008, le secteur manufacturier avait détruit 23,7% des emplois qui existaient en 1998. Dans le même temps, le secteur de l'administration a enregistré un accroissement de 10,5 % de ses effectifs. Plus généralement, la tertiarisation de l'économie permit une augmentation des effectifs concernés de 13,8 % ; les secteurs de production de biens ont détruit 11,1% de leurs emplois.

Certes, les estimations des outputs gaps doivent aider à identifier et isoler l'impact des facteurs cycliques dans le budget : tels sont les objectifs des méthodes utilisées. Il reste que la finalité est bien de permettre aux gouvernements de disposer d'indications quantifiées pour guider leurs décisions de politique budgétaire. Au surplus, les facteurs cycliques du budget interagissent avec les autres variables exogènes ou endogènes au modèle macroéconomique en présence.
Il faut, enfin, ajouter que la portée des politiques publiques est de plus en plus limitée par la puissance des marchés financiers.

Le monde de la finance peut contrarier les volontés des pouvoirs publics ; les réactions des marchés en 1983 aux mesures annoncées dès son installation par le pouvoir socialiste, ont obligé le président Mitterrand à reculer et à européaniser sa démarche économique : maintenir la France au sein du Système Monétaire Européen.

Les marchés financiers ne cessent de gagner en puissance de sorte qu'aucune décision politique qui ne les agrée pas ne peut constituer une démarche opportune. L'actualité bruisse de telles situations.

LIMITES METHODOLOGIQUES NON RECONNUES
Des calculs ont-ils été faits par application des instruments ici en question au milieu de la dernière décennie, pour les Etats Unis en particulier ? Si oui, ont-ils identifié les pics et défini le cycle ? Et Quel trend ont-ils déterminé ? La surprise avec laquelle la crise est survenue n'autorise personne en dehors de quelques oracles isolés à prétendre avoir anticipé le mouvement. Les équipes constituées comme celle du FMI et

de l'OCDE n'ont rien vu venir. Celle du FMI a même ramé à contrecourant à la veille de la crise en 2007.

Il aurait fallu pour cela que ces équipes puissantes tiennent compte de la donnée majeure qui caractérisait la situation américaine, à savoir la montagne de dettes dans une économie qui se dévitalisait. Les modèles macroéconomiques, tout sophistiqués qu'ils sont, peuvent n'être d'aucun secours parce qu'ils privilégient quelques variables. Cela ne veut pas dire que les modèles élaborés n'ont aucune utilité ; mais ils doivent être pris pour des travaux partiels ; ils sont même parfois même partiaux.
C'est bien le cas des calculs autour du potentiel output et du output gap potentiel qui visent seulement à contraindre la valorisation du facteur travail, qui serait la cause des désagréments inflationnistes. Or, l'inflation est l'hydre contre laquelle il convient de mobiliser le gotha des experts en économie. Mais, de la désignation du mal au remède qui convient pour le combattre, il y a, dans le cas présent, un glissement doctrinal qui dévalorise la qualité du diagnostic. La Banque Centrale Européenne utilise la terminologie : « effet de second tour » pour désigner l'inflation qui découle d'augmentation des salaires consécutive à un renchérissement du coût de la vie.

Les pouvoirs publics savent pourtant que les salariés ont bel et bien perdu leur capacité de contestation et, a fortiori, de négociation de niveaux de salaires en harmonie avec le coût de la vie, et ce, depuis longtemps. Niveaux de chômage et tertiarisation des économies ont transformé le rapport de forces entre salariés et détenteurs du capital. La crise a réalisé, de ce point de vue, l'exploit de balayer toutes possibilités pour le monde du travail de faire valoir quelque revendication que ce soit. Autant dire qu'elle a fait bien mieux que n'importe quel modèle économétrique.

Aux Etats Unis, les relations entre salariés et propriétaires ont été réglées bien avant la crise : la financiarisation, surtout celle qui a été portée par les Fonds de private equity, ne laisse place à aucun espace de négociation dans un pays qui n'était traditionnellement pas porté vers les revendications salariales et la contestation. Même la pension de retraite n'est que bien mollement réclamée.

CHAPITRE 6

LE MODELE NEOLIBERAL A L'EPREUVE

« *La société ne saurait se tromper complètement sur ses besoins réels, quoiqu'elle soit souvent égarée sur les moyens convenables d'y satisfaire* ».

Auguste Comte : Système de politique politique – chap V t II (1852)

A. LES VOIES DE LA DEROUTE

Le modèle construit autour du potentiel output et de l'output gap peut reposer en paix : la crise n'a pas seulement rendu caduque la nécessité de recourir à des calculs sophistiqués pour contraindre la masse salariale ; elle a aussi montré que les pouvoirs publics ont des raisons de ne pas mettre en œuvre les mêmes politiques face à une situation : le bras de fer intra-européen entre les tenants de la relance et partisans de la rigueur budgétaire a été rattrapé par les exigences du marché, lequel aura donné raison à l'Allemagne, pour qui une économie saine ne se construit pas sur la dette.

L'immersion dans les chiffres nous a permis de prendre la mesure des indicateurs économiques et financiers les plus significatifs sur le long terme pour chacune des trois économies considérées. Les calculs que nous avons faits à partir des données disponibles se fondent sur l'équation suivante : le taux T_m de variation composé moyen annuel d'un indicateur T considéré est calculé comme suit :

$$(1 + T_m) = ((1 + T_1)*(1 + T_2)*\ldots (1 + T_n))^\wedge(1/n)$$

L'Amérique assiste impuissante à la destruction tendancielle irrépressible de pans entiers de ses capacités industrielles. Le consumérisme effréné dopé par un endettement massif des différentes catégories d'agents économiques ne bénéficie que de moins en moins à l'appareil économique domestique :

- Pour la période 1960-2009, la balance commerciale cumule un déficit de 7472 MMUSD : le déficit pour les échanges de biens totalise 9074 MMUSD ; les échanges de services ont dégagé un excédent de 1602 MMUSD. Les revenus des capitaux totalisent 1339 MM mais les transferts unilatéraux ont saigné le pays de 1582 MMUSD ; de sorte que l'appel à l'épargne du reste du monde s'est élevé à 7715 MMUSD ;
- Cet appel à l'épargne s'est accéléré durant la période 1995-2009 : 6663 MMUSD ; le déficit de la balance des biens a explosé (7485 MMUSD) et les transferts unilatéraux aussi (1137 MMUSD). C'est l'accélération de la dépendance des USA à l'égard du reste du monde.

La demande intérieure a explosé au cours de ces 15 années, portée par la consommation des ménages et par celle de l'administration pendant que le secteur manufacturier connaissait une forte baisse de sa production, sa croissance moyenne pondérée ne dépassant pas 1,01% entre 1970 à 2009 ; le PIB enregistrait entretemps une croissance de 2,9 %. Le secteur manufacturier a perdu 1,3 millions d'emplois de 1948 à 2008. C'est surtout le secteur des biens non durables qui décline, en particulier depuis une décennie.

La croissance est portée, depuis la fin du siècle dernier (1998), par les finances et les assurances comme le montrent les indices des valeurs ajoutées 2008/1998 à prix constants :

- Ensemble des activités privées : 131 ;
- Activités manufacturières : 132 ;
- Finances et assurances : 140 dont :
  - Fed et intermédiation bancaire : 140 ;
  - Titres, contrats sur commodities et investissements : 207 ;
  - Fonds, trusts et autres véhicules financiers : 310.

L'essor fulgurant, voire foudroyant, des activités financières n'a pu atteindre de telles performances qu'en vampirisant les activités de la sphère réelle. Mais pas seulement. La sphère financière a fini par occuper, en usant et abusant des 3 D, des espaces tels qu'elle dicte ses propres règles. Un peu de recul va nous permettre de resituer la finance dans l'économie à travers une perspective historique.

LA FINANCE ENFANT TERRIBLE DE L'ECONOMIE

Les banques ont été l'épicentre de la crise financière de 2007, qui trouve son origine dans le système de la titrisation à l'intérieur de laquelle la crise de l'immobilier – dite crise des subprimes – a été le révélateur sans en constituer l'essentiel de la magnitude. La crise de l'immobilier a-t-elle été un agent ou une victime de la crise ? Il est reconnu ex post que la non solvabilité des ménages avérée en 2007 a été la résultante de beaucoup d'excès.

De plus, la crise de l'immobilier résidentiel est la partie la moins occulte des dérèglements des marchés financiers : les titres financiers émis dans ce cas représentent des créances adossées à des transactions réelles auxquelles sont sous-jacentes des biens tangibles durables. La technique de titrisation est plus largement utilisée pour diffuser des actifs financiers ayant pour objet la couverture des risques liés à des opérations de taux d'intérêt, de cours de change, voire à la spéculation sur des biens matériels (commodities) ou non.

La « toxicisation » construite des produits financiers

Les actifs financiers issus de produits hypothécaires restent, même en situation de bulle, d'un niveau global limité. Les instruments de couverture appelés produits dérivés sont potentiellement illimités puisqu'ils peuvent être démultipliés de proche en proche. Et au problème du volume, la titrisation ajoute celui de l'opacité : elle diffuse des risques attachés à des actifs et instruments financiers après leur structuration en lots, qui sont recomposés sans limite et les risques sont

transférés au marché à travers des « sociétés ad hoc», servant de boucliers aux banques cédantes. Les structurations de portefeuilles qui visent à élargir la diffusion des risques en les mixant, sont volontairement complexifiées ; cela permet de miroiter des anticipations de rendements très élevés attestées par des modèles mathématiques tellement sophistiqués qu'on ne peut douter de leur infaillibilité.
La complexification a été poussée à un point tel qu'aussi bien le contenu que la qualité des portefeuilles sont devenus totalement illisibles. Des auditeurs de banques de premier plan reconnaissent, depuis l'avènement de la crise, que ces actifs sont indéchiffrables pour les besoins de l'audit et, a fortiori, de l'analyse prudentielle des risques. Mais ces constructions n'avaient de sens que parce que les produits finaux devaient être appréciés et valorisés par les marchés.

Le règne de la « fair value »

Banques d'investissement et investisseurs ont été pris au piège des fortes baisses de cours des titres sur les marchés. La « fair value » imposant aux banques de retenir le prix du marché pour les opérations de négoce faites pour compte propre, les prix reflétaient et alimentaient l'exubérance de l'appréciation effrénée des produits. L'effondrement des cours devait être reflété dans les bilans des banques pour ces actifs-là. Les autorités de régulation se sont montrées accommodantes aux USA, on l'a vu, et accepté une lecture à géométrie variable du principe de la fair value afin de réduire (pour un temps ?) les déséquilibres des bilans des banques.

Le principe de la comptabilisation, au cours du marché, des actifs de négoce a été adopté pour mieux refléter la situation patrimoniale des acteurs. Etait-ce dans un souci de transparence ? Logiquement oui, mais la spéculation a entraîné une surévaluation telle des actifs que le retournement de situation ne pouvait objectivement être géré par les banques. Cela avait permis d'afficher des « performances » justifiant des bonus importants. La fair value inhérente à la logique de marché a, donc, eu pour effet d'en renforcer la tyrannie.

LA COMPLICITE PASSIVE DES AUTORITES

Les grandes banques internationales, qui opéraient dans le négoce, reprochaient aux règles existant (dites Bâle I) de ne pas prendre en compte les techniques d'atténuation des risques pour les produits dérivés et titrisés, ni la capacité de ces banques à analyser elles-mêmes les risques. Elles ont obtenu dans Bâle II : i) un mécanisme d'atténuation des risques ; ii) le principe de notation interne pour le calcul des risques. C'est donc la banque qui décide qui est éligible à des conditions de crédit et des taux de pondération de risques améliorés parce que correspondant à son standing. Cela permet aux acteurs élus par les banques d'accéder facilement et aux meilleures conditions à leurs facilités.

Les grandes entreprises se financent, pourtant aux USA, sur le marché en vertu de la désintermédiation, comme on l'a vu. Alors, à qui profitent les conditions de faveur ? Les autorités de régulation américaines ont accepté de n'appliquer les règles de Bâle II que pour les actifs conservés par la banque, laissant les produits titrisés en dehors du périmètre des risques. Les autorités monétaires ont alimenté la fête en offrant des liquidités abondantes et bon marché. Prenant argument du souci de relancer l'économie, la FED aura alors été particulièrement performante dans ce domaine.

Les liquidités apportées par la FED n'étaient même pas nécessaires pour combler les déficits du budget et de la balance des paiements, leur financement étant largement assuré par le reste du monde. Elles ont contribué, alors, à soutenir les prix des actifs financiers et la spéculation. Les autorités ont totalement ignoré l'allocation faite de ces ressources, qui ont alors dopé la demande de consommation

finale et mis le feu aux poudres de la spéculation au détriment de l'économie réelle. Mais, les liquidités faisaient, alors, tout sauf contribuer à stimuler la production locale, exception faite du secteur de la construction, là aussi aux fins de spéculation. Les faveurs accordées aux banques par le président Bill Clinton pour obtenir son second mandat ont alors grâcement payé en retour les banquiers.
L'endettement aura été poussé à son paroxysme : en l'absence de toute règle, la capacité d'emprunt des ménages augmente avec les prix de l'immobilier sur le marché, du fait de l'«effet de richesse ». L'habitat est le seul secteur local à avoir bénéficié de liquidités abondantes et bon marché qui ont contribué à l'accroissement de la production domestique ; mais l'excès ne pouvait pas ne pas aboutir à une bulle. Pour le reste, les concours bancaires ont bénéficié aux « entreprises financières» aux fins spéculatives davantage qu'ils n'ont soutenu les entreprises industrielles.

L'erreur de parallaxe des performances des marchés

Les autorités voyaient dans les performances de marchés financiers mondialisés le signe de vitalité des économies développées. Et, le financement des entreprises par les marchés apportait la preuve de l'évolution du modèle capitaliste. Les puissances financières qui se sont imposées dans le paysage américain aspiraient les liquidités : Fonds spéculatifs et Fonds de private equity, premiers bénéficiaires des ressources, ont alimenté les jeux de la spéculation et exacerbé la surévaluation des prix des actifs financiers.

Les interventions des Fonds de private equity aboutissent souvent à une simple redistribution, au profit du capital, de la valeur ajoutée : la revente de l'entreprise traitée apporte une rémunération qui est appréciée à partir de la capacité de l'entreprise à générer des cash flow pour les investisseurs. Or, la contraction des charges suffit pour augmenter la valeur ajoutée, même à niveau de production inchangé. Il n'y a pas nécessairement optimisation de l'outil de production par des technologies ou des équipements nouveaux. Le marché n'en a que faire. Il apprécie la profitabilité immédiate.

Les entreprises industrielles de l'économie traditionnelle ont été victimes du phénomène d'éviction au profit des nouvelles technologies. Est-ce un hasard si la désindustrialisation a frappé les Etats Unis et l'Angleterre, pays où les Fonds ont eu les coudées franches et où la désintermédiation est la plus avancée ?

Le nouveau système ne se limita pas à la couverture des risques ; il finit par créer des risques par et pour la spéculation pour chercher ensuite à se prémunir contre eux. Il s'est transformé en machine à créer des risques hors les besoins et emplois de l'économie réelle : la taille de la sphère qui s'autoalimente à côté de l'économie réelle a fini par mettre en péril les équilibres économiques postulés par la théorie et sur lesquels le capitalisme avait fondé sa prospérité et sa légitimité. Les banques tiennent avec les entreprises financières les deux bouts du manche : elles créent l'offre et apportent la demande pour leur propre compte et celui des clients.

Cependant, peut-on imputer à la théorie néolibérale la totalité des déséquilibres économiques et financiers surgis depuis 2007 ?

B. L'AXIOMATIQUE NEOMONETARISTE

Les oracles néomonétaristes ont proclamé, et ils ont été entendus, que l'Etat n'est pas plus dans son rôle lorsqu'il intervient dans la régulation de l'économie que quand il est acteur économique. Sans entrer dans le labyrinthe des lectures de la théorie néolibérale ni dans sa datation, nous nous contentons de rappeler l'essentiel de son contenu économique.

L'Etat est moins bien qualifié que le secteur privé pour mener des actions économiques : sa sphère opérationnelle doit être réduite ; cela passe par la privatisation de pans entiers de l'économie. Cela signifie réduction des services publics qui non seulement apportent des prestations de qualité médiocre mais, de surcroît, mobilisent la ressource publique pour assurer l'équilibre des opérateurs par des subventions. Que ce soit dans les secteurs de production de biens ou de prestations de services, l'Etat doit se retirer et laisser place au secteur privé. La réduction de la sphère d'intervention économique de l'Etat induirait celle du déficit du budget et, par voie de conséquence, celle aussi de la dette publique.

De même, toute intervention de l'Etat pour relancer l'économie par la demande est contreproductive à long terme, et ce, contrairement à la théorie de J. M. Keynes. L'Etat doit s'interdire de perturber les équilibres que le marché assure de façon tout à fait « naturelle ». L'Etat serait mieux inspiré de conduire une économie de l'offre : la baisse de la pression fiscale que permet la réduction du champ de l'Etat doit bénéficier aux entreprises ; elle doit être diffusée sur les contribuables, ce qui encourage l'investissement et la compétitivité de l'économie. Il faut permettre, conformément aux enseignements du protestantisme, l'enrichissement individuel. Qu'importe si cet enrichissement bénéficie à une minorité au détriment de couches de plus en plus larges de la population.

La politique monétaire doit être soustraite au dictat des gouvernements et prémunir contre l'inflation à travers des taux d'intérêt positifs mais faibles afin de ne pas pénaliser l'appareil de production et les ménages dans leurs dettes. En même temps qu'il se retire de la sphère économique, l'Etat doit s'effacer en tant qu'autorité de régulation économique et financière. La dérégulation, commandement fondateur, est érigée en «paradigme dominant». Mais bien évidemment, l'axiome n'a pas besoin d'être démontré ; il est pertinent par lui-même ; il est évident.

Désintermédiation et décloisonnement des marchés financiers sont des éléments indispensables de cette axiomatique : ils donnent vie à la dérégulation, lui permettent de déployer pleinement ses effets. La désintermédiation élargit l'espace de la concurrence aux acteurs non bancaires dans le processus d'allocation des ressources, et optimise cette allocation par le marché.

Des techniques ont été développées et des produits mis au point, qui ont permis on l'a vu, de traiter les actifs financiers représentant des dettes sur un marché unifié de l'argent. La régulation a permis l'émergence de la désintermédiation et du décloisonnement. L'Etat n'était pas totalement désintéressé : son besoin de financement a augmenté ; le marché décloisonné et, donc, unifié pour l'ensemble des maturités permet à l'Etat de mieux placer sa dette. Au contraire des postulats formulés par la théorie, les dettes publiques explosent et pas seulement depuis la crise.

DE LA COUPE DES THEORICIENS AUX LEVRES DES ACTEURS

L'idéologie des maîtres a charmé les gouvernements et instances internationales. Les préceptes de l'école néolibérale sont appliqués par des gouvernements conservateurs aux USA et en Angleterre. La dénationalisation des chemins de fer est conduite par la dame de fer sans états d'âme. Le président Reagan restera le symbole de la Supply economy aux Etats Unis. Mais, la théorie a-t-elle reçu une application conforme aux préceptes ?

Les enseignements de l'école ayant été labellisés par la Banque mondiale, sous le titre « Consensus de Washington », essayons de voir, d'abord, quelle a été la lecture commune qui en a été faite de façon concertée par les grandes puissances ? Le consensus est en réalité le résultat d'une position dominante des pays occidentaux au sein de la BIRD. La mondialisation a été édictée sous la bannière protectrice de la théorie néolibérale. C'est un mode d'emploi intérieur dans le pays mais aussi dans les relations entre nations qui porte sur :

- La privatisation de toute activité économique marchande ; cela permet de mieux la rentabiliser et d'éviter les subsides de l'Etat mais aussi, au-delà, l'ouverture de cette activité aux investisseurs étrangers ;
- La limitation du déficit budgétaire ;
- La transparence des marchés doit éviter toute subvention de produits, fût-ce au profit des faibles au titre du filet social ;
- La fiscalité doit être réformée par l'élargissement de la base des contributions au niveau des tranches inférieures, et la réduction des impôts mis à la charge des plus nantis, afin de stimuler l'investissement par l'orientation vers les activités privées des capitaux offerts sur le marché ;
- La suppression de toute inégalité de traitement entre les investissements locaux et ceux provenant de l'étranger ;
- La libéralisation des marchés financiers domestiques ;
- La protection sans limite de la propriété privée ;
- La libéralisation des échanges, par démantèlement rapide des barrières douanières ;
- La dérégulation de l'économie pour garantir la concurrence entre opérateurs.

Les commandements sont, selon le livre consulté, au nombre de 9 ou 10, comme ceux de David. Ils imposent aux gouvernements de « *se déposséder du pouvoir de contrôler les forces économiques* » Pierre Bourdieu (entretien Der Spiegel n° 29 – 2001).

La dérégulation ne vise que la banque et la finance au sens large. Il s'agit justement d'activités réglementées pour des considérations d'équilibre des intérêts entre les parties en présence : les banques reçoivent des dépôts du public avec l'obligation de les lui restituer selon le deal convenu en fonction du type de dépôts. Il faut donc qu'elles soient capables de le faire à tout moment.

Protéger les clients revient en fait à protéger le système bancaire et monétaire national. Un système de garantie est mis en place par ou sous la supervision de la banque centrale. Les risques viennent de l'utilisation faite des dépôts collectés et des ressources drainées sur le marché interbancaire. Aussi, sont-ils encadrés par des règles normalisées par la BRI et édictées par l'autorité nationale ; les « règles prudentielles » concernent la solvabilité de la banque et sa liquidité.

Les Etats Unis n'ont pas appliqué les règles Bâle II de la BRI pourtant mises au point pour couvrir la titrisation, dont on a vu qu'elle a été développée aux Etats Unis.

Les assurances relèvent de règles spécifiques ayant pour finalité de mettre les sociétés qui achètent les risques en situation de couvrir les dommages en cas de sinistres. La gestion des actifs financiers qui représentent les réserves techniques est réglementée et donne lieu à supervision. A l'origine, les risques étaient de type matériel et ensuite élargis à l'assurance vie. La titrisation a étendu l'activité à la couverture de risques liés aux variations de taux d'intérêt et de taux de changes. Les activités de banque et d'assurance ont conflué dans les produits titrisés, mais relèvent de règles différentes et d'autorités distinctes, même si elles sont exercées ensemble.

La référence à la théorie néolibérale a servi aux Etats Unis pour se dispenser de régulation dans des métiers traditionnellement risqués et qui ont, de surcroît, développé des activités encore plus risquées que jamais. Mais, la liberté prise par les Etats Unis pour ne pas se soumettre à des règles procède-telle de l'esprit et/ou de la lettre de la théorie de référence ? Les théoriciens pouvaient-ils imaginer que les risques allaient prendre la taille qu'ils ont acquise ?

On peut dire que l'effet conjugué de l'imagination des financiers, d'une part, et de l'évolution fulgurante des nouvelles technologies, d'autre part, a créé un monde aux dimensions que les théoriciens étaient loin de soupçonner dans leurs réflexions et propositions.

La répudiation de la régulation dans la sphère financière a trouvé un terreau plus fertile aux Etats que dans les pays européens. Les produits et les acteurs financiers nouveaux qui font irruption dans l'économie américaine dans le dernier quart du siècle dernier ont transformé – n'était-ce pas le vœu des économistes néolibéraux – en profondeur les règles du jeu du capitalisme. Le modèle originel de ce dernier a été récusé par les penseurs néolibéraux, comme on l'a vu. Le nouveau devait libérer les acteurs de toute règle et même de toute contrainte. Il a façonné des paradigmes dans lesquels la primauté du marché ne doit être entravée par aucune limite, fût-elle celle de l'espace. La suprématie du marché doit être mondiale au service de la puissance qui domine le monde. Une puissance face à laquelle les gouvernements sont totalement démunis.

Le modèle soumet le monde à la rationalité marchande, laquelle doit commander les comportements économiques de tous les acteurs et s'imposer aux dirigeants politiques. Jean Ziegler a noté[20] que les applaudissements nourris qui ont suivi l'intervention du président de Bundesbank allemande au Word Economic Forum de Davos en février 1996 étaient une manière d'acquiescer à son discours quand il a dit aux

---

[20] J. Ziegler : « Les nouveaux maîtres du monde » Editions Fayard p. 122.

dirigeants d'Etats : « Désormais, vous êtes sous le contrôle des marchés financiers. » C'est bien comme cela que l'axiome néolibéral a été compris par les faiseurs de décisions originels. Quelle belle reconnaissance aux théoriciens de la tyrannie des marchés ! Même si la réalité a dépassé leur credo. Les gouvernements se sont dessaisis en faveur des banques et des Fonds, puissances économiques et financières. Le rôle que les unes et les autres ont joué est au cœur du processus de déstructuration de l'appareil industriel américain : et ce n'est pas la destruction créatrice au sens de Schumpeter.

Les Fonds ont contribué à la forte distorsion de la répartition de la valeur ajoutée entre le capital et le travail, et ont entraîné comme conséquence inévitable la délocalisation massive d'activités, et la destruction du potentiel de production et ce, avec le soutien actif ou, à tout le moins, la bienveillance des banquiers. L'abondance de liquidités bon marché a été dévoyée au profit d'intérêts particuliers qui ne corroboraient pas l'intérêt général, puisque sans véritable création de surcroît de vraies richesses en contrepartie.

Le modèle n'intègre pas l'abondance de ressources ni leur faible coût pour les acteurs, ce qui est antinomique à son essence. Il devait être ancré à une expansion de la monnaie soutenant l'accroissement de la production. Légitimé par la consécration d'économistes qui ont reçu la plus haute distinction, il a servi, sous une forme dévoyée, à la chute de l'économie réelle. De sorte que les USA ont, à travers la financiarisation débridée, lâché la proie pour l'ombre.

DESTRUCTION CREATRICE DES MODELES MATHEMATIQUES

Alan Greenspan explique dans son ouvrage comment le traitement de la crise financière de la Russie en 1998 a amené un changement dans le processus de décision de la FED : acte était alors pris que la FED avait « *trop souvent affaire à des données incomplètes et parfois erronées, à des craintes irrationnelles* .. »[21] La complexité et l'interdépendance de l'économie mondiale ne s'accommodent plus de décisions fondées sur l'économétrie seule. Mais, aveu sidérant du mentor de la FED.

Greenspan dit que la FED ne pouvait avoir aucun impact sur les prix des actions au moyen de faibles modifications des taux directeurs, et que les interventions de la FED ne peuvent infléchir que les taux de variations des prix des biens et services. N'est-ce pas une façon de décliner la responsabilité de la FED pour ce qui est des excès des marchés financiers, sachant que la modération de l'inflation était liée, comme on l'a vu, à la consommation massive de biens chinois ? Mais peut-on nier tout lien de causalité entre l'extrême abondance des signes monétaires et le niveau de la spéculation cupide qui a vampirisé l'économie ?

[21] A. Greenspan : « Le temps des turbulences » J.C. Lattès p. 257.

CONCLUSION

« La politique est le seul métier qui se passe d'apprentissage, sans doute parce que les fautes en sont supportées par d'autres que ceux qui les ont commises »

Achille Tournier

LES GERMES DE LA CRISE

Les faiblesses de l'économie américaine résultent, on l'a vu, d'une histoire écrite en plusieurs actes :

- La décision du président Nixon de mettre fin, en août 1971, à la convertibilité du Dollar : cette décision et la suppression du change fixe avec l'or ont été un véritable dédit qui n'a déroulé tous ses effets qu'en été 2011 avec la défiance du monde à l'égard de la monnaie américaine ;
- La décision du président Clinton d'abolir la spécialisation des banques, laquelle avait été introduite en réaction à la grande dépression : le retour au système des banques universelles en 1999 a été justifié par la nécessité de rétablir la concurrence entre banques américaines et banques étrangères ;
- La dérégulation qui était déjà à l'œuvre et qui a autorisé les banquiers à déployer tous les trésors d'imagination pour la création de produits et de montages qui ont fini par devenir abscons pour les plus grands experts ;
- Une politique monétaire dite accommodante en ce qu'elle a apporté au monde entier, à travers les banques identifiées aux Etats Unis, des liquidités en Dollars illimitées et bon marché.

Le décor ainsi planté devait faire la prospérité de l'Amérique et du monde ; ce qui est bon pour celle-là ne pouvant être que bon pour celui-ci. Ce que vivent le monde et, en particulier les

Etats Unis depuis 2007, apporte au contraire la preuve que les perspectives qui étaient attendues du scénario, ainsi écrit en quatre actes, étaient un malentendu conscient auquel ont participé les différents acteurs qui ont malencontreusement ignoré, chacun pour ce qui le concerne, le risque que comportait sa décision à l'épreuve des autres actes.

Seul le premier acte a constitué une mesure qui s'imposait : le pays sortait d'une décennie durant laquelle il avait conduit deux guerres éprouvantes qui ont entamé son image et ses moyens. La flexibilité des changes, conséquence inévitable de cette mesure, ouvrait la voie à la spéculation débridée sur les monnaies à travers les cours de change et les taux d'intérêt. Elle constituera également la base de la nouvelle politique monétaire, laquelle n'a pas à se préoccuper de la parité de la monnaie pour se concentrer sur la maîtrise de l'inflation des prix à la consommation comme but principal.

Paradoxalement, dans le pays qui développe toute l'ingénierie des produits dérivés, la réglementation prudentielle, qui vise à limiter les risques que prennent les banques et qui est décidée avec la participation déterminante des Etats unis à la BRI, n'est pas étendue à ces produits. Or, les banques américaines, redevenues universelles, utilisent les dépôts de la clientèle dans les emplois à risques : les investissements spéculatifs. Alors pourtant que la politique monétaire est censée protéger la valeur des actifs financiers contre la dépréciation excessive, les autorités ne se préoccupent pas du tout des risques que ces emplois font courir aux déposants. Les banques américaines qui avaient cherché à repasser à l'universalité afin d'échapper à la concurrence déloyale, se retrouvent, par conséquent, en position nettement plus favorable que les autres banques : en l'absence de régulation, il n'y a pas de supervision.

Les politiques publiques et, le cas échéant leur démission, procèdent de l'idéologie de la liberté totale dont doivent disposer les acteurs pour être incités à entreprendre. Les Etats Unis se targuent d'avoir l'indice de liberté économique le plus élevé du monde. La liberté justifie la concurrence sans aucune restriction et doit permettre que « le plus capable survive », selon Herbert Spencer. A. Greenspan précise, a-t-il besoin de le faire, que la présence d'entrepreneurs de risques permet la promulgation de lois encourageant le risque. (Dit autrement, cela signifie que ce sont les entrepreneurs qui dictent la loi).

Le sauvetage du fonds spéculatif LTCM en 2000 a révélé les risques que représentaient le levier utilisé et l'opacité dans laquelle il opérait: avec un capital accumulé de cinq milliards, il a obtenu des prêts bancaires de 120. A. Greenspan reconnait que le ratio d'endettement de ce Fonds n'a pu être mesuré. Ce fût le premier cas de « trop grand pour faire faillite », mais aucune leçon ne sera tirée pour la suite, même s'il est vrai que le sauvetage fait par les banques créancières n'a pas mobilisé de ressources publiques.

Dans son livre testament, A. Greenspan fait un véritable plaidoyer :

- De la politique monétaire décidée sous sa direction par la FED : pourtant, le fléchissement de l'économie à la fin du siècle dernier n'était pas associé au seul dégonflement de la bulle du marché financier des sociétés high tech mais aussi à des signes patents de baisse de régime de l'industrie ; le taux directeur de la FED est réduit de 6,5 % mi-2000 à 1% en juin 2003. Et, pour cesser d'être un ilot de prospérité, l'Amérique exhorte le G7 de septembre 2000 à privilégier la croissance sur la lutte contre l'inflation. A. Greenspan justifie la forte et rapide décrue des taux d'intérêt par la crainte de la déflation, alors pourtant que la faible inflation est importée à travers les produits chinois ; les mécanismes financiers à l'œuvre pour maintenir les salaires bas sont ignorés, ou plutôt glorifiés : l'industrie perd beaucoup d'emplois et le chômage augmente déjà de 4 % fin 2000 à 6 % deux ans après.

- Des liquidités centrales sans limite qui sont apportées par la FED : il faut anticiper les desirata des politiques et ne pas contrarier les marchés financiers : A. Greenspan prend avec la Fed le pari d'apporter les liquidités à la spéculation au motif de ne pas pouvoir prévoir une bulle, tout en soutenant que de faibles variations de taux d'intérêt directeurs n'infléchissent pas les cours boursiers.
- Du choix de la FED de procéder par examen de scénarios (avantages et inconvénients) à la place des modèles par les difficultés pour l'économétrie à distinguer entre l'essor de l'économie et une bulle boursière pour fonder les décisions.

A. Greenspan ignore le déclin de l'industrie qui s'accélérait à la fin du siècle, et qui ajoutait ses effets à ceux de la bulle des TIC. Tout en faisant état de difficultés au président Bush lors de son premier entretien avec lui fin 2000, il lui chuchote que « le potentiel à long terme de l'économie restait fort ». Or, l'asservissement de l'industrie par la finance et ses exigences de profits élevés et immédiats avec comme prolongement, les délocalisations, vidait de sa substance le potentiel industriel depuis longtemps. A. Greenspan ne se préoccupait que des liens entre taux de la FED et cours des actions. Pouvait-il ignorer que les liquidités centrales aussi bien que les dépôts étaient prêtés par les banques pour nourrir la spéculation ?

LA CRISE DETRONE L'HYPERPUISSANCE

De même que la fin du Gold Exchange Standard, avec le Dollar comme monnaie de référence, a suivi une décennie de guerres non gagnées par les Etats Unis, de même la crise financière et économique qui secoue le monde depuis 2007 accompagne deux guerres d'un type nouveau dans lesquelles la manifestation de la puissance n'aura permis de gagner que des trophées sans valeur.

Tous les expédients ont été utilisés pour reconstruire ce que la crise a détricoté dans l'économie de l'hyperpuissance ; en vain. A l'été 2011, le feu est dans la maison Dollar comme dans la maison Euro. La pression a atteint son paroxysme. Trois crises ajoutent leurs effets aux médiocres performances de l'économie et à l'anomie du marché de l'emploi : le Dollar sombre brutalement ; le pays perd la note prestigieuse de sa dette souveraine ; et pire, les empoignades entre l'exécutif et le législateur sur les médications à mettre en œuvre déprécient une image déjà fortement écornée. Le débat idéologique a occulté la gravité de la situation. Avec une dette souveraine équivalant au PIB et un déficit budgétaire de 10,8 %, les Etats Unis sont dans une situation encore plus dégradée que la zone Euro, dont les indicateurs globaux sont de 87,3% et de 4,4% respectivement. L'Amérique doit le répit surtout à sa qualité d'Etat fédéral « zone politique optimale » contrairement à la zone Euro ; encore faut-il qu'elle mette en œuvre cet attribut. Ce vecteur de résilience ne peut, en effet, jouer pleinement son rôle que s'il permet une gouvernance de bon aloi.

C'est la première fois que les Etats Unis subissent la défiance des marchés, leur principal allié et leur instrument. L'actualité montre que la bourse, même en phase d'euphorie, ne suffit plus pour porter l'économie. L'état de la capitalisation boursière, qui reste relative, signifie en l'occurrence que les ressources abondantes n'ont de choix alternatifs qu'entre des actifs de qualité aussi médiocres les uns que les autres. Le secteur privé tire profit de la désaffection vis à vis des obligations souveraines dont la qualité est remise en cause ; cette désaffection étant plus grande vis-à-vis de dettes de certains pays de la zone Euro, la dette américaine bénéficie de taux plus faibles, hormis par rapport à la dette allemande.

Autrement dit, la spéculation continue à noyer dans son nuage les véritables performances de l'économie, surtout aux Etats

Unis. Elle est amplifiée ici par la gratuité totale et durable des ressources que continuera à apporter généreusement la FED.

L'activité manufacturière américaine n'a pas repris. Mais peut-elle reprendre? D'où peut venir l'espoir pour l'emploi? La construction est bloquée par le parc invendu et la faillite de beaucoup de ménages, sans travail ni ressources ; les services ont pourtant servi de déversoir d'une partie importante de la population active et ce, grâce à l'extension des effectifs dans les administrations.

A. Greenspan, l'homme lige des années tenues pour fastes avant de révéler leur réalité désastreuse, a pointé du doigt mais ex post trois causes principales de la crise :
- les carences dans la régulation ;
- les prises de risques excessives ;
- les fautes de management.

Il s'en prend aussi à la SEC pour avoir autorisé la baisse des ratios de fonds propres à 2,5%, d'où le levier très élevé chez les banques.

Mais, le point d'ancrage des délices supposés de l'économie néolibérale a, pourtant, bien été la politique monétaire qui a pris le contrepied de la rigueur énoncée par la théorie : le taux d'intérêt réel doit être positif même s'il peut être faible, et l'expansion monétaire doit être au service de la production. La FED pouvait-elle, sans faillir à sa mission de gardienne du temple, faire comme si l'expansion monétaire qu'elle a menée n'avait aucun impact sur l'économie réelle ? Faut-il être grand clerc pour comprendre que les déséquilibres qui déstabilisent l'économie américaine, n'auraient pas été aussi abyssaux sans une politique monétaire aussi permissive. Celle-ci coïncide avec l'ère d'indépendance de la banque centrale. Le même scénario se répète aujourd'hui alors que la problématique de sortie de crise exige encore davantage de rigueur monétaire aux Etats Unis que dans l'espace de la monnaie unique.

UN NAUFRAGE EST-IL EVITABLE ?

Les liquidités centrales abondantes et gratuites vont remplacer de nouveau les crédits interbancaires en contexte de défiance entre les banques. Mais à quoi vont-elles servir ? Les banques prennent ombrage de l'incertitude en matière de perspectives économiques pour refuser les crédits aux entreprises, lesquels ne procurent pas les mêmes profits que les investissements. Une grande partie des ménages ne sont toujours pas éligibles aux prêts. Les ressources centrales continueront à alimenter la spéculation. La décision de la FED de maintenir sur un moyen terme le taux directeur au niveau de zéro assure les banques de l'accès illimité et quasi gratuit à ses ressources, tout en sachant que les emplois ne vont que marginalement bénéficier à l'économie réelle. Cette décision de la FED ne peut viser d'autres objectifs que de procurer des ressources permettant de desserrer l'étau du marché sur les dettes publiques et de soutenir la demande de produits boursiers. La non application de la réglementation prudentielle laisse le champ ouvert aux banques pour poursuivre dans la spéculation.

La chute du Dollar dans les marchés ne correspond pas à une dépréciation compétitive ; l'apparente reprise dans le secteur construction provient des mesures prises afin de soulager les institutions embourbées dans le refinancement des prêts hypothécaires. Elle contribue sans doute à une nouvelle bulle. Mais d'où pourra venir le salut du cours du Dollars US ? De l'incapacité de la zone Euro à rassurer sur les dettes de ses membres fragiles. Le monde assiste, depuis l'été 2011, à une véritable course de vitesse entre les deux monnaies dans laquelle se jouent le statut du Dollar US, d'une part, et la pérennité de la zone Euro dans sa configuration actuelle, d'autre part. Ce qui est nouveau c'est que le Dollar US n'est plus seulement le problème du reste du monde ; il est devenu le problème du pays qui l'émet. Et il ploie sous le poids des divers déséquilibres abyssaux de l'émetteur.

La Chine peut opposer très sereinement le principe du Win-Win à l'Amérique. Dotée de réserves de change colossales et en forte croissance, mais aussi principal détenteur de la dette souveraine américaine, la Chine est en mesure de peser sur le coût de celle-ci, et même sur le cours du Dollar US :

- En se portant acquéreur de bons du trésor US, la Chine fait baisser les rendements de la dette américaine, et le cours du Dollar peut se maintenir ou même s'apprécier ; elle peut le faire baisser en achetant des dettes européennes ;
- Si la Chine se détourne d'actifs américains, la FED risque devra monétiser davantage la dette du trésor et de deux choses l'une : ou la Chine conserve les Dollars gagnés dans les exportations ou les redéploye et la monnaie US ne subit pas de contrecoup ; ou au contraire, elle les échange, et cette monnaie subit une forte pression à la baisse. La baisse brutale et importante du Dollar US en été 2011 n'a-t-elle pas un rapport avec une décision de la Chine dans ce domaine ?

La régionalisation à laquelle elle œuvre de sa propre monnaie lui permet de réduire progressivement le rôle du Dollar US. L'Amérique n'a alors pas d'autre solution que de composer avec la Chine pour ce qui est du rythme d'évolution du cours de change Renminbi/Dollar US. Le rapport de forces a bien basculé imperceptiblement, quand la Chine est devenue le premier créancier des USA. Le soft power qui jouait en faveur du Dollar US, dans le cadre du « privilège exorbitant », est devenu un atout entre les mains de la Chine. Celle-ci a besoin de maintenir le pouvoir d'achat de son principal client quitte à continuer à financer ses achats ; elle fait en quelque sorte une gestion par délégation du Dollar US.

Les forces qui œuvrent logiquement à la dépréciation du Dollar US sont contrebalancées par deux forces qui leur sont opposées :

- Les fortes incertitudes qui pèsent sur la zone Euro : les pays vulnérables ont-ils les moyens même avec l'aide des autres, pour faire face aux charges de leurs dettes respectives ? La sortie de(s) pays vulnérables de cette zone sera sans doute la sanction. Même si la zone se réduit aux pays vertueux en matières de budget et de monnaie, l'Euro sortirait affaibli : il perdrait en effet en puissance, ce qui laisserait le Dollar seul.
- Le rapport de forces entre les Etats Unis et la Chine ; celle-ci ne peut se faire harakiri ni pour sa production et, donc, ses emplois, ni pour la valeur de ses actifs en Dollars ; les Etats Unis ne peuvent sauver à la fois leur monnaie et leurs emplois. Mais, la Chine s'accommoderait bien d'un retour en force du Dollar ; ceci conforterait en effet sa monnaie comme deuxième monnaie sur le marché.

Les grands-messes tous azimuts qui se tiennent depuis quatre ans sur la réforme du système monétaire international ont pris acte de la situation mais la liberté ouverte aux mouvements des capitaux et son corollaire la flexibilité des changes, risque d'interdire quelque solution que ce soit : les marchés ne pourraient s'en accommoder ; ce serait la fin du festin pour les banques, Fonds et opérateurs de moindre importance qui en tirent profit. C'est là qu'il faut chercher la raison principale de la poursuite par la FED de sa politique monétaire.

Les instances politiques nationales des grandes puissances ne sont pas en situation d'exiger des banques qu'elles orientent les liquidités vers l'économie réelle : elles dépendent d'elles pour financer leurs propres dettes. Les banques seront-elles quittes avec ce soutien ? La recapitalisation des banques – par l'Etat – pour couvrir les pertes sur les dettes non remboursées par les Etats ne peut être totalement écartée. Au demeurant,

les marchés poussent vers une telle solution en réduisant la capitalisation des banques engagées même dans des dettes souveraines qui continuent à bénéficier des ratings élevés, et qui ne nécessitent pas de fonds propres selon les règles de Bâle ; la dégradation des dettes souveraines consacrera le sens des marchés et fragilisera davantage la position des Etats dans leur bras de force avec les banques. Celles-ci mettent en avant cet atout décisif pour refuser toute règlementation et/ou supervision nouvelles. La position des autorités américaines est décisive sur ce plan : par conviction idéologique autant que par soumission aux banques, elles n'interviendront pas.
Mais alors, quid de la stabilisation macro-financière annoncée avec emphase ? La restructuration des institutions américaines compétentes montre que les autorités mesurent les enjeux. Mais peuvent-elles aller plus loin ? La supervision a besoin de la transparence des actifs. Celle-ci peut-elle être exigée ? Ni la conversion des banques d'affaires en banques commerciales assujetties, ni la régulation elle-même ne prémunissent contre les excès et les risques de naufrage si les mesures ne couvrent pas intégralement toutes les situations à risques et s'il n'y a pas une transparence totale des actifs aussi bien que des passifs. Les banques ne sont pas prêtes à y consentir.

Or, les liquidités centrales directes ne sont pas assignables à des usages déterminés. Il faudrait, pour ce faire, revenir au contrôle direct de l'emploi des ressources des banques. Est-ce aujourd'hui simplement pensable ?

La décision de réviser les normes comptables qui a été prise par l'IASB, suivant en cela, la SEC et la FASB, pour ne pas exiger de comptabiliser au fair value les titres conservés jusqu'à échéance a procuré un répit aux banques US : leurs besoins de recapitalisation ont été alors réduits. Mais quid des exigences en matière de liquidité ? Les banques doivent-elles disposer de ressources longues pour leurs positions sur titres longs conservés ? Les banques accepteraient-elles de se priver du ressort de la spéculation, la valorisation des produits de négoce au juste prix ? La question est de savoir si la monnaie créée avec l'aide ou même simplement le consentement des autorités doit servir à la création de véritables richesses ou si elles peuvent être captées en priorité par la spéculation.

La construction en cascades des couvertures peut, pour les contrats ouverts (Global OTC) se traduire, en situation de défaillances, par des pertes telles que beaucoup d'acteurs peuvent disparaître et menacer la stabilité financière à grande échelle. Le volume des Global OTC a augmenté, selon la BRI, de juin 2007 à juin 2010, de 75 trillions de Dollars US à 582 trillions.

Les autorités politiques qui ont la charge de l'ordre public et de la stabilité macro financière, ne peuvent pas ne pas être attentives aux termes d'un débat dont le contour dépasse largement le périmètre financier. Mais, le rapport de forces penche, on l'a vu, en faveur du maintien de la suprématie de la financiarisation. Comme celle-ci est davantage enracinée aux Etats Unis, pays qui cumule les plus grands déséquilibres, c'est là que les efforts les plus importants de correction mais aussi de régulation et de supervision ont besoin d'être faits pour éviter d'autres secousses qui risquent d'être fortement dommageables. Il a besoin de se soustraire aux équations maléfiques suivantes : Des rendements immédiats et élevés visés par les capitalistes et mobilisant des managers qui en attendent de forts bonus, sont possibles grâce aux produits sophistiqués mais abscons comptabilisés au fair value et qui sont des dérivés incontrôlables et non soumis aux normes de Bâle pour les acteurs exerçant sous juridiction américaine.

UN BESOIN IMPOSSIBLE DE REVENIR AUX SOURCES

Le président B. Obama a dit que le pays devait innover et se réinventer. Les spéculateurs ont des intérêts tels que tant que l'Amérique n'aura pas transposé dans sa réglementation

interne les normes de la BRI, le risque est grand de voir des acteurs rivaliser d'ingéniosité pour le pire. La concentration de la puissance financière est telle que toute politique ou initiative risque de se perdre aux Etats Unis dans le labyrinthe d'arrangements ou d'obstacles institutionnels. Les acteurs des marchés financiers n'ont pas besoin d'un affrontement avec les décideurs nationaux ; il leur suffit d'orienter les ressources dans des directions qui affaiblissent ces décideurs. Les liquidités qui se détournent du secteur industriel américain, servent largement à sa destruction. La production industrielle continuera, alors, à chercher fortune sous d'autres cieux.
Le monde n'étant pas encore prêt pour troquer le niveau de vie contre le genre de vie; l'Amérique a besoin de produire plus de biens physiques pour préserver sa suprématie. Mais, la politique du hard power n'est pas encore remisée au musée de l'histoire. Le pays ne semble pas encore décidé à le reléguer au profit de la force morale comme l'avait dit le président Eisenhower dans son discours d'adieu. Mais a-t-il encore les moyens en même temps que la volonté politique de réhabiliter son tissu industriel, défait par le secteur financier ?

Le réalisme économique passe par là. Les emplois perdus dans les industries sont, cependant, difficiles à regagner : le travail y est standardisé et taylorisé : le travailleur emploie plus ses mains que son cerveau. Les emplois des services sont moins manuels et plus individuels: le travailleur a besoin d'utiliser davantage son cerveau pour l'accomplissement de tâches beaucoup moins répétitives et qui nécessitent plus de réflexion. Un col bleu ne peut se muer en col blanc que dans certaines branches. Au surplus, la création de postes de travail dans les services n'est pas illimitée.

Pierre Bourdieu compare le néolibéralisme au sida, lequel « *détruit le système immunitaire de ses victimes* ». On peut dire qu'il a fait mieux : il détruit son propre système immunitaire. Un métier perdu dans une économie est irrécupérable : une chaine industrielle démontée est définitivement condamnée. Sa réhabilitation est impensable dans la logique de tyrannie du court terme. C'est là, le nœud gordien du blocage de l'économie américaine. Même si la Chine devait réévaluer sa monnaie, cela ne profiterait pas à l'emploi américain. Ce sont d'autres pays qui en bénéficieraient. L'économie américaine risque de lester pendant longtemps l'économie mondiale, même si sa part relative dans le total continue à diminuer. Les némonétaristes auront créé la plus grande impasse à laquelle une puissance ait été jamais confrontée. Cette impasse ne sera pas limitée à l'Amérique ; elle affectera aussi directement des pays industrialisés et des pays émergents comme la Chine et, indirectement, les pays producteurs d'hydrocarbures.

Le modèle néolibéral a besoin d'être expurgé de ses excès et, avant tout, de ceux de la dérégulation. La liberté qui a servi de base à la construction du nouveau monde procédait de deux principes qui ont été perdus de vue :

- La recherche du lucre est licite dans la doctrine protestante mais les revenus y sont « gagnés » au sens économique du terme ;
- Les revenus doivent être consommés avec modération pour laisser place à l'épargne.

Les dérèglements qui affectent l'économie américaine ne peuvent être résorbés qu'avec une atténuation progressive mais résolue des déséquilibres financiers abyssaux qui s'y sont accumulés. Les ajustements ont besoin d'une croissance significative, laquelle suppose la récupération d'emplois dans l'industrie. Ce chemin de croix ne peut être retrouvé que si des acteurs américains majeurs abandonnent la logique de la spéculation pour celle de l'entreprenariat.

La logique du capital impose un moule et des règles. Elle ne peut être outrepassée que par ses champions éclairés. Ce ne serait même pas du mécénat mais simplement du domaine des intérêts individuels bien compris. Cela permettrait de recréer des emplois tant que la main d'œuvre industrielle est encore mobilisable et, donc, de remettre le pays sur le chemin de la croissance, à la faveur de laquelle pourront s'opérer les indispensables ajustements, qui se feraient alors autrement dans des formes de violence intra nationale ou internationale.

ALTERNATIVES

La guerre commerciale est ouverte au niveau de l'OMC sous la houlette de la Chine. Aucune guerre ne pourra effacer les déséquilibres multiples de l'Amérique et d'autres pays. Le statut du Dollar ne peut dispenser l'Amérique d'en limiter la création. Le pouvoir d'achat créé ex nihilo, pour les besoins de consommations privée et publique, a bouleversé les valeurs profondes du citoyen américain. La facture doit être payée et la leçon apprise. La crise des subprimes est la troisième alerte de l'immobilier après les Reits puis les Saving and Loans).

L'Amérique est en train de se réinventer: les bouleversements politiques actuels dans différents pays arabes préfigurent certains changements qui vont affecter l'économie mondiale. Cela permettra une redistribution des cartes géostratégiques. Le terrain doit être en préparation pour installer une présence militaire ici ou là en territoire nord-africain ou sahélien. Il faut lutter contre l'AQMI et sécuriser les nouveaux intérêts.

L'irrédentisme des dictateurs arabes face aux demandes légitimes de leurs peuples affaiblira leurs pays respectifs pour une longue période. Le soutien apporté par l'OTAN est sans doute assorti de deals économiques et sécuritaires majeurs. Serait-ce se tromper que de penser que l'Amérique en sera le bénéficiaire principal ? Les dividendes économiques en seront les marchés que les pays consentiront aux sociétés. Mais, cela n'aura qu'un impact limité sur l'économie américaine. Il faut compter avec l'évolution du marché des hydrocarbures qui résultera d'une offre abondante dont le niveau échappera aux décisions de l'OPEP. L'alignement des deux pays nord-africains sur les positions des monarchies du Golfe et la main mise sur leurs richesses renforceront surtout l'Amérique et la dispenseront de l'obligation de conduire une politique anti inflationniste active. Le monde pourra continuer à vivre sur le modèle d'énergies bon marché ; l'Amérique se serait-elle réinventée ?

Oui. La maîtrise du jeu dans l'énergie remettra l'église au centre du village. L'Amérique en tirera comme avantage le renforcement de la position du Dollar : monnaie de réserve puisque monnaie de compte et de paiement de référence pour les commodities. La suprématie recouvrée du Dollar est déjà à l'œuvre : les perturbations qui agitent les marchés affectent peu les bons du trésor malgré la dégradation de la note de la dette souveraine. Mais, le pays ne peut faire l'économie ni d'ajustements ni de mesures fortes pour contrôler l'allocation des ressources. Il y a urgence pour ce contrôle. Le bouclier Dollar donne au pays du temps. La pérennité de la monnaie doit être confortée par des mesures salvatrices durables.

TABLE DES MATIERES

L'HARMATTAN, ITALIA
Via Degli Artisti 15; 10124 Torino

L'HARMATTAN HONGRIE
Könyvesbolt ; Kossuth L. u. 14-16
1053 Budapest

L'HARMATTAN BURKINA FASO
Avenue Mohamar Kadhafi (Ouaga 2000) – à 200 m du pont échangeur
12 BP 226 OUAGADOUGOU
(00226) 50 37 54 36
harmattanburkina@yahoo.fr

ESPACE L'HARMATTAN KINSHASA
Faculté des Sciences sociales,
politiques et administratives
BP243, KIN XI
Université de Kinshasa

L'HARMATTAN CONGO
67, av. E. P. Lumumba
Bât. – Congo Pharmacie (Bib. Nat.)
BP2874 Brazzaville
harmattan.congo@yahoo.fr

L'HARMATTAN GUINÉE
Almamya Rue KA 028, en face du restaurant Le Cèdre
OKB agency BP 3470 Conakry
(00224) 60 20 85 08
harmattanguinee@yahoo.fr

L'HARMATTAN CÔTE D'IVOIRE
M. Etien N'dah Ahmon
Résidence Karl / cité des arts
Abidjan-Cocody 03 BP 1588 Abidjan 03
(00225) 05 77 87 31

L'HARMATTAN MAURITANIE
Espace El Kettab du livre francophone
N° 472 avenue du Palais des Congrès
BP 316 Nouakchott
(00222) 63 25 980

L'HARMATTAN CAMEROUN
BP 11486
Face à la SNI, immeuble Don Bosco
Yaoundé
(00237) 99 76 61 66
harmattancam@yahoo.fr

L'HARMATTAN SÉNÉGAL
« Villa Rose », rue de Diourbel X G, Point E
BP 45034 Dakar FANN
(00221) 33 825 98 58 / 77 242 25 08
senharmattan@gmail.com

Achevé d'imprimer par Corlet Numérique - 14110 Condé-sur-Noireau
N° d'Imprimeur : 84495 - Dépôt légal : janvier 2012 - *Imprimé en France*

www.ingramcontent.com/pod-product-compliance
Lightning Source LLC
LaVergne TN
LVHW011023061026
849535LV00006B/2025
9782296558250